Formulare, Checklisten und Vorlagen

Sie können die Formulare auch bequem kostenlos herunterladen und ausfüllen. Den Link und einen QR-Code finden

Zusätzlich online:
F2 – Checkliste: PKV für Beamte

I 2 – Bewertungsliste Hausrat

→ Alle Formulare ab Seite 99

Das Versicherungs-Set

Bedarfsanalyse

Vertrags-Check

Zahlreiche Testsieger

Verträge wechseln und sparen

Stiftung Warentest

Inhalt

Kurzratgeber

Versicherungen gehören zu den Dingen, die wir alle brauchen. Und doch schieben viele das Thema vor sich her. Vertragsbedingungen erscheinen kompliziert und schwer durchschaubar. Auch müssen wir uns mit Risiken und Gefahren beschäftigen, mit Krankheit, Unfällen, Sturmschäden und anderen Unanehmlichkeiten, gegen die wir uns finanziell absichern wollen. Verständlich, dass sich manche damit schwertun.

Unser Set will Ihnen diese Angelegenheit erleichtern: Sie erfahren, welche Versicherungen Sie wirklich brauchen und worauf Sie verzichten können, wie Sie vorhandene Lücken im Schutz schließen und eine Menge Geld sparen. Das macht weniger Mühe, als Sie vielleicht annehmen. Und am Ende stellt sich das gute Gefühl ein, dass Sie alles Nötige geregelt und optimal vorgesorgt haben.

Sieben häufige Fragen

Versicherungen sollen Sicherheit geben. Doch welche sind wirklich nötig? Und worauf sollten Sie achten, ehe Sie einen Vertrag abschließen? Beginnen wir mit den Basics.

Frage 1
Wozu brauche ich überhaupt Versicherungen?

Versicherungen helfen Ihnen, verschiedenste Risiken kalkulierbar zu machen und unerwartete Kosten abzufedern - auch wenn diese nicht existenzbedrohend sind. Ob ein kleiner Sachschaden oder ein schwerer Unfall: Anstatt die Kosten allein zu tragen, geben Sie das finanzielle Risiko an die Versicherung ab. Dafür zahlen Sie regelmäßig einen bestimmten Betrag, die sogenannte „Versicherungsprämie“.

Das Prinzip funktioniert wie eine Solidargemeinschaft: Viele zahlen ihre Beiträge in einen gemeinsamen Topf ein. Tritt bei einer versicherten Person ein Schaden ein, wird dieser aus dem Topf beglichen. So werden hohe oder unvorhergesehene Ausgaben auf viele verteilt und berechenbar gemacht. Sie können finanziell verlässlich planen und werden nicht von einer hohen Rechnung überrascht.

Frage 2
Welche Versicherungen sollte jeder haben ?

Einige Versicherungen sind für fast alle unverzichtbar. An erster Stelle steht die private Haftpflichtversicherung. Sie kostet wenig und übernimmt die Kosten, wenn Sie anderen versehentlich einen Schaden zufügen – sei es an Sachen oder Personen. Ebenso wichtig ist die Krankenversicherung (privat oder gesetzlich). In Deutschland ist sie Pflicht. Für Berufstätige lohnt sich meist eine Berufsunfähigkeitsversicherung, um das Einkommen bei längerer Krankheit oder nach einem Unfall zu sichern. Zum Grundpaket gehört meist auch eine Hausratversicherung, die Schäden durch Feuer, Leitungswasser, Sturm oder Einbruch abdeckt. Je nach finanziellen Möglichkeiten, Bedarf und Lebenssituation können weitere Versicherungen sinnvoll sein. Die Checklisten „Versicherungsbedarf“ (Formular C) geben Ihnen einen Überblick.

Frage 3
Was ist eine Selbstbeteiligung und wann ist sie sinnvoll?

Bei einer Selbstbeteiligung übernehmen Sie den Schaden bis zu einer gewissen Summe selbst. Das kann die Prämie erheblich senken, lohnt sich aber tatsächlich nur, wenn Sie die Summe problemlos aufbringen können. Bei häufigen kleineren Schadensfällen wird die Selbstbeteiligung teuer und lohnt sich nicht.

Frage 4
Worauf sollte ich beim Abschluss einer Versicherung achten?

Entscheiden Sie nicht nur nach den Kosten, sondern achten Sie vor allem auf den Leistungsumfang. Ist alles Nötige abgedeckt? Hingegen verteuern Leistungen, die Sie nicht benötigen, die Police. Sehr wichtig auch, dass die Versicherungssumme hoch genug ist (Hausratversicherung: Neuwert des gesamten Hausrats; bei der Haftpflicht empfehlen wir eine Summe von mindestens 10 Millionen Euro). Lesen Sie die Bedingungen sorgfältig, insbesondere zu Ausschlüssen und Selbstbeteiligungen. Wählen Sie möglichst flexible Vertragslaufzeiten, damit Sie bei Bedarf leicht zu einem besseren Angebot wechseln können.

Frage 5
Kann ich alte oder teure Verträge einfach kündigen?

Ja, zum regulären Laufzeitende oder oft auch per Sonderkündigungsrecht, etwa nach einer Beitragserhöhung oder einem Schadensfall. Schließen Sie jedoch immer zuerst einen neuen Vertrag ab, um keine Lücke im Versicherungsschutz entstehen zu lassen. Ein Angebotsvergleich lohnt sich, da neue Tarife in vielen Fällen günstiger und leistungsstärker sind.

Frage 6
Was tun, wenn die Versicherung nicht zahlt?

Fordern Sie als erstes eine schriftliche Begründung für die Ablehnung an und prüfen Sie, ob diese berechtigt ist. Ist das nicht der Fall, legen Sie Widerspruch ein, am besten mit Unterstützung eines Fachanwalts oder der Verbraucherzentrale. Zusätzlich können Sie den Versicherungsombudsmann einschalten – das Verfahren ist kostenlos, unbürokratisch und ohne Prozessrisiko. Triftige Gründe hingegen sind grobe Fahrlässigkeit, nicht gezahlte Beiträge, falsche Angaben beim Vertragsabschluss oder Schäden, die durch Ausschlüsse nicht gedeckt sind. Deshalb: Bedingungen genau lesen und Änderungen (z. B. Beruf, Adresse, Familienstand) rechtzeitig melden.

Frage 7
Wie oft sollte ich meine Versicherungen überprüfen?

Prüfen Sie Ihren Versicherungsschutz mindestens alle zwei bis drei Jahre, auf jeden Fall aber bei wichtigen Veränderungen wie Umzug, Heirat, Familienzuwachs, Jobwechsel, größere Anschaffungen oder Hauskauf. So stellen Sie sicher, dass Leistungen und Beiträge weiterhin passen und Sie weder über- noch unterversichert sind.

Optimal versichert in drei Schritten

Pro Kopf geben die Deutschen 2670 Euro im Jahr für Versicherungen aus. Das Angebot ist riesig. Und nicht jede Versicherung ist sinnvoll. Erfahren Sie, wie Sie systematisch Ihren Versicherungsschutz überprüfen und verbessern können.

Zugegeben: Es macht etwas Mühe, sich um Versicherungen zu kümmern – Vertragsbedingungen lesen, Formulare ausfüllen, Gespräche mit dem Versicherungsvertreter führen oder sich durch Online-Portale bis zum Vertragsabschluss klicken. Doch der Aufwand kann sich lohnen. Entweder sofort, weil es Ihnen gelingt, überflüssige oder teure Verträge zu entlarven und loszuwerden, oder spätestens im Schadensfall, wenn sich zeigt, dass Sie leistungsstarke Verträge abgeschlossen haben und Ihr Geld bekommen.

Mit diesem Versicherungs-Set haben Sie ein Werkzeug in der Hand, um Ihren Versicherungsschutz in drei Schritten zu optimieren. Nutzen Sie die Informationen, Checklisten und Formulare auf den folgenden Seiten, um Ihre Versicherungsunterlagen zu ordnen, vorhandene Verträge zu optimieren, leistungsstarke neue Angebote zu finden und überflüssigen Ballast loszuwerden.

Schritt 1: Bestandsaufnahme, vorhandenen Schutz prüfen

Am Anfang steht die Bestandsaufnahme: Welche Versicherungen haben Sie, welche Beiträge zahlen Sie und welche Risiken sind abgedeckt? Es ist vielleicht schon eine ganze Weile her, dass Sie die betreffende Versicherung abgeschlossen haben. Hat sich Ihre Lebenssituation geändert? Müssen Sie Ihren Schutz erweitern? Oder können Sie auf das eine oder andere verzichten?

Auch wenn Sie bereits den Überblick über Ihre Policen haben: Klären Sie zum Beispiel mithilfe der großen Übersichtstabelle und der Checklisten im Formularteil (Formulare B und C), ob die bisherigen Verträge zum Bedarf in Ihrer aktuellen Lebenssituation passen. Einen ersten groben Überblick zu den Veränderungen im Laufe des Lebens zeigt die Grafik auf Seite 10.

Fehlt wichtiger Schutz, oder können Sie überflüssige Verträge abstoßen? Wir nennen im weiteren Verlauf wichtige Stationen im privaten und beruflichen Alltag, zu denen es sich besonders lohnt, den bisherigen Schutz auf den Prüfstand zu stellen.

Schritt 2: Versicherungen für jede Lebenslage checken

Sie haben Schritt 1 hinter sich und wissen, dass Ihnen wichtige Versicherungen fehlen? Ab Seite 25 finden Sie zu allen relevanten Versicherungsarten zahlreiche Informationen, um zu einem passenden neuen Vertrag zu kommen: Was sollte etwa eine Privathaftpflichtversicherung bieten, und welche Vertragsbedingungen haben bei einer Berufsunfähigkeitsversicherung ihre Tücken? Im Formularteil finden Sie ab Formular D Checklisten zu wichtigen Versicherungen, mit deren Hilfe Sie selbst überprüfen können, ob ein vorliegendes Angebot entscheidende Bedingungen erfüllt.

Haben Sie bei Schritt 1 festgestellt, dass Ihre bisherigen Verträge zum Bedarf in Ihrer aktuellen Situation passen, Sie also genügend Versicherungen abgeschlossen haben? Dann sind Sie vermutlich jetzt beruhigt und überlegen eventuell, Schritt 2 zu überspringen. Doch sinnvoller ist es, Sie machen sich die Mühe und schauen sich Ihre bisherigen Verträge genauer an. Denn leider gilt: Auch wenn Sie alle empfohlenen Verträge haben, heißt das nicht automatisch, dass Sie gut abgesichert sind. Prüfen Sie, welche Leistungen Ihre Verträge bieten und ob sie noch zu Ihrer aktuellen Situation passen. Und wie steht es mit den ursprünglich vereinbarten Versicherungssummen – sind sie noch hoch genug?

Ein weiteres Argument, den zweiten Schritt in Angriff zu nehmen: Der Versicherungsmarkt verändert sich. Es gibt neue Versicherungen, die für Sie interessant sein könnten (zum Beispiel für Wärmepumpe, Photovoltaik, E.Bikes). Auch zeigen die Untersuchungsergebnisse der Stiftung Warentest , dass manche Vertragsbedingungen der Versicherer sehr viel besser geworden sind oder besser zu Ihrer Lebenssituation passen. Wer beispielsweise eine neue Auslandsreise-Krankenversicherung abschließt, findet zum Teil deutlich kundenfreundlichere Bedingungen vor als bei einem Vertragsabschluss vor mehreren Jahren.

In vielen Fällen stehen zudem die Chancen gut, eine günstigere Absicherung zu bekommen. Manchmal sind aber auch die Altverträge vorteilhafter. Auch darüber sollten Sie Bescheid wissen.

Schritt 3: Verträge schließen, verbessern und kündigen

Sie haben einen Überblick, welche Versicherungen Sie neu abschließen wollen und was die Verträge jeweils beinhalten sollen? Vielleicht haben Sie auch Ihren Wunschtarif gefunden, etwa anhand der Testsieger, die von der Stiftung Warentest für die einzelnen Produkte ermittelt worden sind und von denen Sie in diesem Buch (unter dem zweiten Schritt) einige genannt bekommen haben.

Dann bleibt als letzter Schritt der Vertragsabschluss. Ab Seite 79 stellen wir Ihnen vor, was dabei zu beachten ist – von der Suche nach einem kompetenten Ansprechpartner bis hin zu den Rechten und Pflichten, die mit dem Abschluss eines Vertrags einhergehen.

Sind Sie nach dem zweiten Schritt zu dem Schluss gekommen, dass Sie einen bestehenden Vertrag gegen einen neuen austauschen wollen, zum Beispiel, weil der bisherige Schutz zu teuer oder nicht mehr ausreichend ist? Dann werfen Sie einen Blick auf die Laufzeiten Ihres aktuellen Vertrags: Zu welchem Termin können Sie kündigen? Eine Übersicht zu Fristen und Bedingungen finden Sie ab Seite 88 unter „Richtig kündigen".

Im besten Fall haben Sie nach Abschluss des neuen Vertrags erst einmal nichts mehr mit dem Versicherer zu tun, sondern erst wieder, wenn der Versicherungsfall eintritt und Sie auf seine Leistungen angewiesen sind (siehe „Was tun im Schadensfall?", S. 91). Zahlt der Versicherer dann wie erhofft, hat sich die Mühe gelohnt, den Versicherungsschutz auf den aktuellen Stand gebracht zu haben.

Doch leider läuft es nicht immer so glatt: Vielleicht ärgern Sie sich im Laufe der Zeit über Beitragssteigerungen, oder Sie hätten sich im Schadensfall mehr Unterstützung gewünscht? Ab Seite 92 stellen wir Ihnen vor, wie Sie sich gegen eine Entscheidung des Versicherers wehren und wo Sie Unterstützung bekommen können.

Wenn Sie unzufrieden sind, bleibt Ihnen außerdem noch die Möglichkeit, den Vertrag zu kündigen und nach einem neuen Tarif zu suchen.

Welche Versicherung

Versicherungs-Check. Von der Ausbildung bis zur Rente ändert sich Ihr Versicherungsbedarf. Einige wichtige Stationen im Überblick.

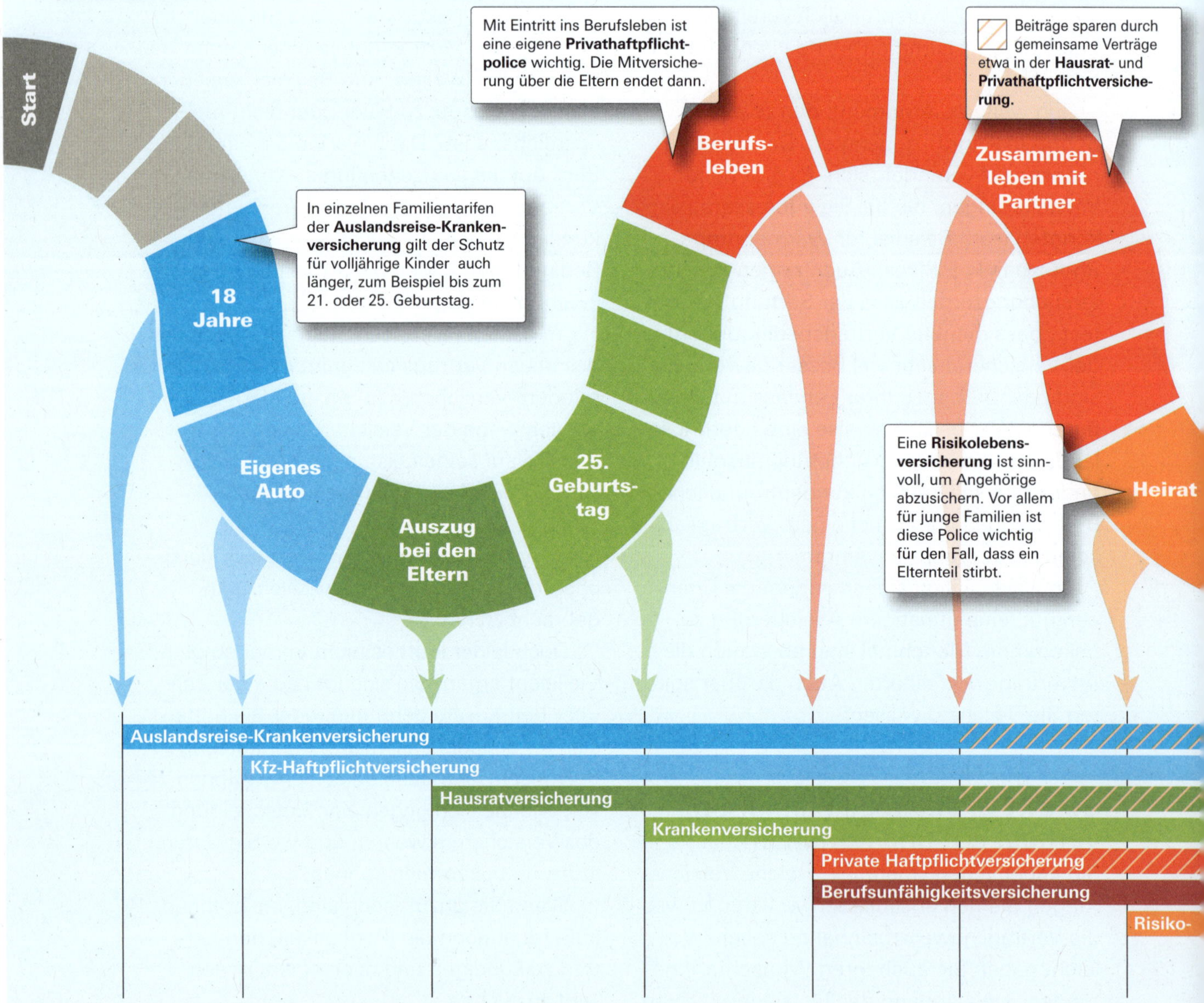

n welcher Lebensphase?

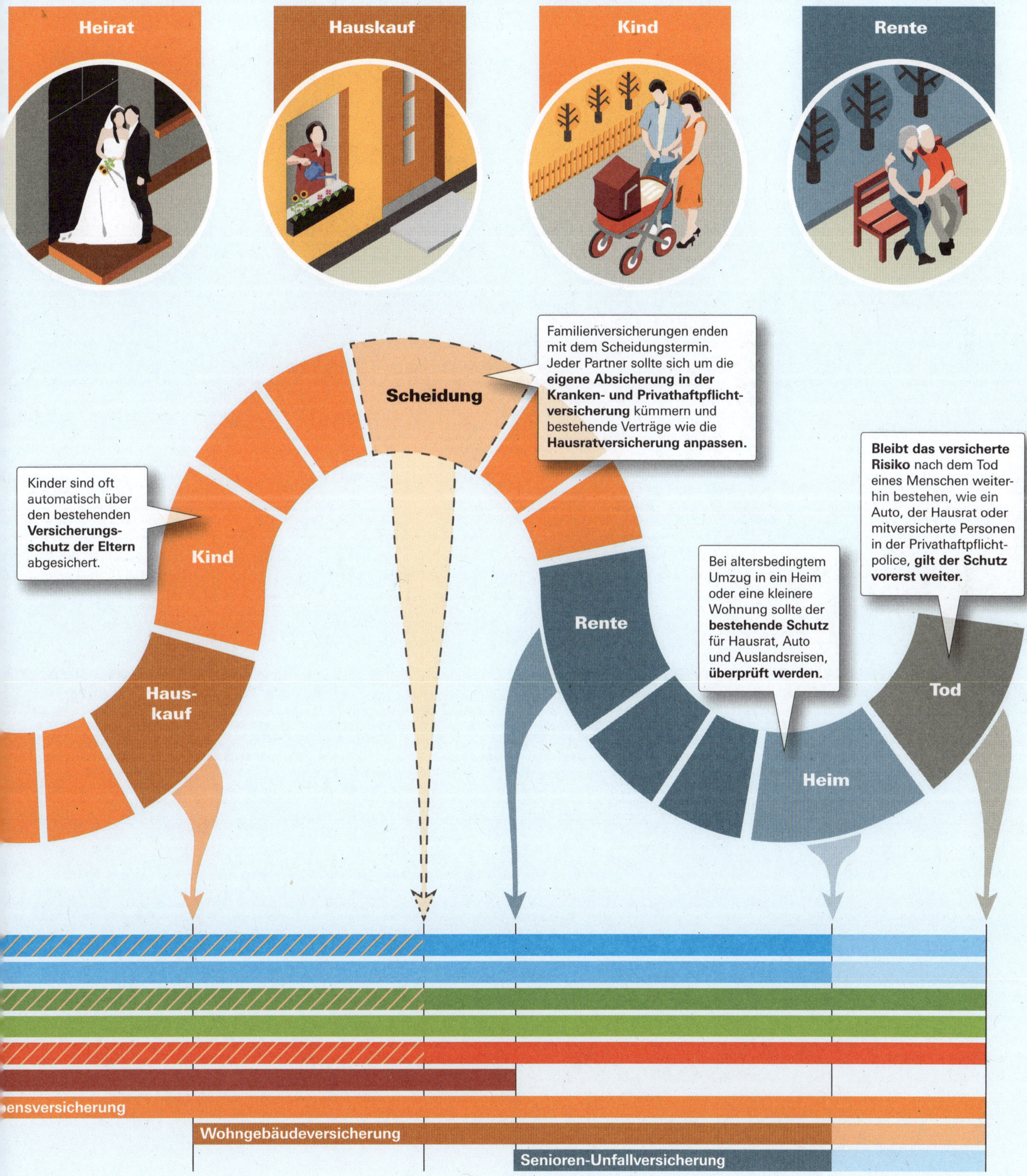

Schritt 1:

Bedarf ermitteln, vorhandenen Schutz prüfen

Sie starten ins Berufsleben, ziehen mit Ihrem Partner zusammen, gründen eine Familie, gehen in Rente: Ganz gleich, welcher entscheidende Schritt in Ihrem Leben ansteht – es ist sinnvoll, den Versicherungsschutz an die neue Situation anzupassen.

Manchmal sind es auch ganz unspektakuläre Veränderungen: Sie schaffen sich ein Haustier an, begeistern sich für ein neues Hobby oder ersetzen Ihre Ölheizung durch eine Wärmepumpe. Darüber hinaus verändert sich das Angebot der Versicherer: Es gibt neue Policen oder neue Produkte, die günstiger sind oder besser zu Ihnen passen.

Doch auch wenn alles stabil bleibt, empfiehlt sich alle zwei, drei Jahre ein Blick in Ihre Versicherungsunterlagen.

Die persönliche Bestandsaufnahme

Der Abschluss Ihrer Versicherungen ist vielleicht schon eine ganze Weile her. Wissen Sie, für welche Verträge Sie regelmäßig zahlen und was Ihnen dafür im Ernstfall zusteht?

Der erste Schritt auf dem Weg zu einem besseren Versicherungsschutz ist die Bestandsaufnahme: Verschaffen Sie sich einen Überblick, welche Versicherungen Sie überhaupthaben. Notieren Sie die Bezeichnung, die Art der Versicherung, wieviel Sie bezahlen und wann eine Kündigung möglich ist. Dazu finden Sie im Formularteil eine Vorlage zum Ausfüllen (Formular A).

Manchmal zeigt sich recht schnell, wo Sie etwas verändern sollten. Sind die Ausgaben insgesamt zu hoch? Fehlen Ihnen wichtige Versicherungen? Gibt es Überschneidungen? Sind Sie im Zweifel, ob Sie diese Versicherung wirklich brauchen? Und wann wäre ein Wechsel zu einer günstigeren Versicherung möglich?

Den Schutz aufpolieren

Wenn Sie die Liste aufgestellt haben, wissen Sie zwar, welche Verträge Sie haben, doch vielleicht sind Sie unsicher, ob dieser Schutz ausreicht. Und wenn Sie Kosten einsparen müssen, fragen Sie sich, worauf Sie am ehesten verzichten können.

Damit Sie die verschiedenen Versicherungen besser einordnen können, hat die Stiftung Warentest die Versicherungen klassifiziert:

➔ **Unbedingt notwendig.** Auf diese Versicherungen können Sie nicht verzichten. Es ist der Grundschutz, den Sie auch dann noch aufrechterhalten sollten, wenn es finanziell knapp wird. Dazu gehört die Krankenversicherung (gesetzlich oder privat), die ohnehin gesetzlich vorgeschrieben ist. Ebenso unverzichtbar ist die private Haftpflichtversicherung sowie weitere Haftpflichtversicherungen, die sich aus Ihren Lebensumständen ergeben und teilweise ebenfalls gesetzlich vorgeschrieben sind: Hundehalterhaftpflicht, berufliche Haftpflicht oder die Gebäudehaftpflicht für Immobilienbesitzer.

➔ **Sehr zu empfehlen.** Ohne diesen Versicherungsschutz wäre im Ernstfall Ihre finanzielle Existenz bedroht. Zu diesen Verträgen zählen wir unter anderem die Wohngebäudeversicherung für Immobilienbesitzer und die Risikolebensversicherung für alle, die Ihre Angehörigen absichern möchten. Auch die Berufsunfähigkeitsversicherung ordnen wir hier ein.

➔ **Sinnvoll.** Fehlt dieser Schutz, können Kosten entstehen, die Sie zwar empfindlich treffen, aber im Regelfall – anders als etwa ein abgebranntes Zuhause – nicht sofort die finanzielle Existenz bedrohen. Beispiele dafür sind die Hausratversicherung und die private Unfallversicherung.

➔ **Mit Einschränkungen sinnvoll.** So bewerten wir beispielsweise die Rechtsschutzversicherung. Sie kann zwar eine nützliche Hilfe sein, doch unter Umständen gibt es günstigere Alternativen – etwa die Mitgliedschaft im Mieterverein, um sich Rechtsberatung für Streitigkeiten mit dem Vermieter zu sichern.

➔ **Überflüssig**. Diese Versicherungen sind zu teuer, greifen nur in Ausnahmefällen oder können ersetzt werden. Dazu gehören Geräteversicherungen, Reisegepäck- Handy-, Kapitallebensversicherung und manche mehr.

Große Übersicht: Wie wichtig ist welcher Vertrag?

Im Formularteil finden Sie eine Übersichtstabelle, aus der hervorgeht, wer welche Versicherungen benötigt und für wie wichtig die Stiftung Warentest sie erachtet (Formular B). Gleichen Sie mithilfe Ihrer eigenen Verträge ab, welchen Schutz Sie bereits haben und welcher fehlt.

DIN-Norm zur Finanzanalyse von Privathaushalten

Weitere Orientierung, um einschätzen zu können, wie wichtig welche Versicherung ist, bietet die 2019 in Kraft getretene DIN-Norm zur Finanzanalyse von Privathaushalten. Hier werden die einzelnen Risiken verschiedenen Bedarfsstufen zugeordnet – zum Beispiel hat das „Kostenrisiko Krankheit" die höchste Bedarfsstufe 1, das Risiko des Verlustes oder der Beschädigung von Hausrat Bedarfsstufe 2. Mehr dazu und den genauen Wortlaut der DIN 77230 finden Sie online über die Seite din.de.

AUSFÜLLHINWEIS

→ S. 101

Formulare A Versicherungen im Überblick und B Ihr Versicherungs-Check

Formular A Versicherungen im Überblick
Im Formularteil finden Sie eine Tabelle, die Sie mit Ihren persönlichen Daten rund um Ihre Verträge füllen können: Art der Versicherung, Gesellschaft, Tarifname, Beitrag, Kündigungsmöglichkeiten. Füllen Sie sie aus, bekommen Sie einen guten Überblick, wo Sie stehen, wie viel Sie zahlen und wann Sie die Chance haben, aus einem bestehenden Vertrag auszusteigen. Die Onlineversion der Tabelle steht unter test.de/formulare-versicherungen und ist selbstrechnend. Die notwendigen Daten finden Sie im Versicherungsschein (Police) oder zum Teil in den weiteren Schreiben, die der Versicherer seither geschickt hat. Beachten Sie, dass je nach Art der Versicherung unterschiedliche Kündigungsfristen gelten (siehe S. 88, „Richtig kündigen").

Formular B Ihr Versicherungs-Check
Wie wichtig sind die einzelnen Versicherungen? Verschaffen Sie sich mit der Tabelle einen Überblick zu Ihrem bisherigen Schutz. Haken Sie ab, welche Versicherungen Sie haben und worum Sie sich kümmern wollen oder sollten.

Der große Überfluss

Neben den Versicherungen, die zumindest mit Einschränkungen sinnvoll sind, gibt es einige Produkte, von denen wir abraten. So gibt es Spezialversicherungen, die nur ein kleines Risiko abdecken oder eines, für das Sie bereits einen Schutz haben oder das anderweitig besser abgedeckt werden kann. Dazu gehören Versicherungen für Ihr neues Handy,Tablet oder Sportgeräte. Oder Verlängerungen der Garantie für Elektrogeräte. Da gibt es viele Ausschlüsse, die Konditionen sind unattraktiv. Hier empfiehlt es sich eher, eine gewisse Summe für Notfälle anzusparen, anstatt Geld für Versicherungsbeiträge auszugeben.

Ähnlich ist es, wenn Sie überlegen, Ihr Reisegepäck zu versichern. Die Bedingungen von Reisegepäckversicherungen sind im Regelfall streng gestaltet – mit anderen Worten: Sollte Ihr Gepäck zum Beispiel am Flughafen gestohlen werden, kann es sein, dass Sie gar nicht wie erhofft das Geld vom Versicherer erhalten, etwa weil er Ihnen vorwerfen kann, dass Sie Ihr Gepäck kurz aus den Augen verloren haben. Ein weiterer Grund für den Verzicht auf die Reisegepäckversicherung: Einen gewissen Schutz für Ihr Gepäck haben Sie automatisch über die

Hausratversicherung („Außenversicherung"), sofern Sie diese abgeschlossen haben. Allerdings zahlt die Hausratversicherung nicht, wenn Ihr Gepäck während einer Schiffsreise aus Ihrer Kabine gestohlen oder aus dem Gepäckraum im Reisebus entwendet wird. Wollen Sie sich für diese Fälle wappnen, kann die Gepäckversicherung vielleicht doch interessant werden. Für Wertsachen gibt es allerdings besondere Auflagen. Sie gehören nicht ins aufgegebene Reisegepäck und im Hotel oder in der Schiffskabine in den Tresor.

Auf eine spezielle Reiseunfallversicherung sollten Sie in jedem Fall verzichten. Besser ist eine private Unfallversicherung, die für die Folgen von Unfällen in jeder Lebenslage zahlt. Damit haben Sie nicht nur während Ihrer Reise Schutz, sondern auch, wenn Sie beispielsweise beim Fensterputzen in Ihrer eigenen Wohnung schwer stürzen und danach dauerhaft körperlich beeinträchtigt sind.

Aufpassen bei Paketen

Mancher Schutz, den Sie nicht brauchen, verbirgt sich in Versicherungspaketen – zum Beispiel in einem Rundumpaket für Ihre Reise mit Reisekranken-, Reiseunfall- und Reisegepäckversicherung. Alles in einem – das klingt bequem, doch ist da womöglich manches hineinagepackt, was Sie nicht brauchen. Dann suchen Sie sich besser Einzelangebote.

Sparen und Risikoschutz trennen

Über viele Jahre waren Versicherungen für die Altersvorsorge sehr gefragt: Über eine private Rentenversicherung ist es möglich, dass Sie sich für den Ruhestand eine Zusatzrente sichern. Haben Sie eine Kapitallebensversicherung abgeschlossen, die Todesfallschutz und einen Sparplan kombiniert? Hier werden Ihre Beiträge für einen längeren Zeitraum angelegt, sodass Sie zu Rentenbeginn auf eine größere Summe zugreifen können. Im Todesfall erhalten die Angehörigen eine bestimmte Summe. Haben Sie bereits eine solche Versicherung abgeschlossen, ist oft sinnvoll, diese weiter fortzuführen (siehe „Fürs Alter vorsorgen", S. 74). Vom Neuabschluss eines solchen Vertrags raten wir hingegen ab Die Rendite ist viel zu gering.

Gleiches gilt für die private Rentenversicherung, die Ausbildungs- und die Sterbegeldversicherung. Die private Rentenversicherung ist oft zu teuer, zu unflexibel und renditeschwach. Bei der Sterbegeldversicherung zahlen Sie im Laufe der Jahre ihre Beiträge ein, damit Ihre Angehörigen im Todesfall auf eine Summe zurückgreifen können, mit der sich die Ausgaben für die Beerdigung begleichen lassen. Das erscheint sinnvoll. Die Familie muss sich nicht mehr um die mitunter drastischen Kosten kümmern. Doch ist eine Versicherung dafür selten eine geeignete Lösung. Wesentlich sinnvoller ist es, Geld zurückzulegen, um für die Beerdigung zu sparen.

Die Ausbildungsversicherung, die meist Eltern oder Großeltern abschließen , zahlt den Kindern oder Enkeln der Versicherten bei deren Tod eine bestimmte Summe aus, damit sie ihre Ausbildung weiter bestreiten können. Solche Versicherungen sind jedoch unflexibel und teuer. Sei sind umso kostspieliger, je älter derjenige ist, der sie abschließt. Deshalb lautet unsere Empfehlung, Risikoschutz und Geldanlage zu trennen. Eltern, die für den Fall, dass ihnen etwas zustößt, ihre Kinder absichern wollen, schließen besser eine Risikolebensversicherung ab und legen separat Geld für die Kinder an, etwa in sichere Zinsanlagen wie Festgeld oder in etwas riskantere Anlagen wie ETF (siehe „Mit Fonds – ohne Versicherung", S. 77).

Der Versicherungsbedarf verändert sich

Berufseinsteiger benötigen andere Versicherungen als Rentner, Familien andere als Singles. Ein gutes Argument, regelmäßig Ihre Unterlagen zu prüfen.

In der großen Übersichtstabelle „Ihr Versicherungs-Check“ (Formular B) finden Sie einige Versicherungen, die jeder Haushalt braucht – ganz egal, wie jung oder alt ein Mensch ist, wo er derzeit beruflich oder privat steht. Dazu gehört die Privathaftpflichtversicherung. Auch um die Krankenversicherung kommen Sie nicht herum – entweder gesetzlich oder privat.

Andere Verträge können hingegen erst im Laufe des Lebens zum Thema werden, etwa die Wohngebäudeversicherung für Immobilienbesitzer oder eine private Krankenzusatzversicherung, wenn Sie sich in bestimmten medizinischen Bereichen mehr Leistungen wünschen als die der gesetzlichen Krankenkasse und sich diesen zusätzlichen privaten Schutz leisten können.

Auf den folgenden Seiten fassen wir zusammen, wie sich der Versicherungsbedarf an wichtigen Punkten im Leben ändert. Aber Vorsicht: Die genannten Punkte dienen der ersten Orientierung – auch an weiteren Zwischenstationen kann sich etwas an Ihrem Bedarf tun. Wenn Sie sich etwa einen Hund anschaffen (Tierhalterhaftpflichtversicherung) oder im Studium ein Auslandssemester einlegen (Auslandsreise-Krankenversicherung für Einzelreise), bringt das neue Anforderungen mit sich.

Die Aufgabe, sich um den eigenen Versicherungsschutz zu kümmern, stellt sich meist erst mit Ausbildungsbeginn. Solange Sohn oder Tochter zur Schule gehen und noch nicht volljährig sind, greift für sie oft der Schutz durch die Verträge der Eltern. So gilt beispielsweise die Hausratversicherung der Eltern auch für die Fahrräder der Kinder, und der Familienhaftpflichtschutz kommt auch zum Einsatz, wenn die zwölfjährige Tochter das Smartphone ihrer Freundin fallen lässt.

Anders ist es dagegen bei Personenversicherungen. Möchten Eltern etwa, dass ihre Kinder auch in der Freizeit vor den finanziellen Folgen eines Unfalls geschützt sind, müssen sie sich um speziellen Invaliditätsschutz für den Nachwuchs kümmern. Wollen sie, dass die Kinder in der Klinik oder beim Zahnarzt mehr Leistungsansprüche haben, als die gesetzliche Krankenkasse übernimmt, sollten sie für die Kinder private Zusatzversicherungen abschließen. Solche Verträge haben zwar nicht oberste Priorität, sind aber sinnvoll (siehe Tabelle „Ihr Versicherungs-Check“, Formular B).

Mit zunehmendem Alter steigt dann die Notwendigkeit, sich um das Thema Versicherungen zu kümmern. Wenn etwa der 17-jährige Sohn den Führerschein macht und anschließend „begleitet fährt“ oder mit 18 als Fahranfänger das Familienauto mit nutzt, müssen die Eltern dem Kfz-Versicherer Bescheid geben, damit der Versicherungsschutz auf den Sohn ausgedehnt wird.

Selbst aktiv werden mit Ausbildungsbeginn

Entscheiden sich junge Leute – ganz gleich, ob sie volljährig sind oder noch nicht – für eine betriebliche Ausbildung, müssen sie sich auf jeden Fall um ein Versicherungsthema kümmern: die Krankenversicherung.

AUSFÜLLHINWEIS

→ S. 105

Formular C Der Versicherungsbedarf je nach Lebenssituation

Im Formularteil finden Sie im Formular C kurze Checklisten mit den wichtigsten Versicherungen für Auszubildende, Studenten, Berufseinsteiger, Selbstständige, als Paar, als Familie sowie als Rentner. Gleichen Sie ab, ob Sie die genannten Verträge haben, wenn Sie sich an einer der entsprechenden Stationen im Lebenslauf befinden. Nutzen Sie die Übersichten auch dann, wenn Sie derzeit zwischen zwei Stationen stehen – wenn Sie beispielsweise längst im Arbeitsleben stehen, also kein Berufseinsteiger mehr sind. Fehlt Ihnen etwas von den genannten Verträgen, nutzen Sie die Informationen unter Schritt 2 ab S. 25, um nach passenden Angeboten zu suchen.

Mit Beginn der Ausbildung in einem Betrieb ist es nicht mehr möglich, beitragsfrei über die Eltern in einer gesetzlichen Krankenkasse mitversichert zu sein, sondern Azubis müssen selbst Mitglied einer gesetzlichen Krankenkasse werden. Auch wer bisher privat krankenversichert war, muss sich bei Ausbildungsbeginn kümmern, denn von nun an besteht Versicherungspflicht in einer gesetzlichen Kasse. Damit fließt wie bei den meisten anderen Angestellten jeden Monat ein Teil des Azubi-Bruttogehalts an die gesetzliche Krankenkasse sowie an die anderen Zweige der gesetzlichen Sozialversicherung wie Pflege- und Rentenversicherung. Den Azubis steht eine große Auswahl an gesetzlichen Krankenkassen offen. Sie müssen nicht zwangsläufig bei der Kasse bleiben, bei der sie bisher über ihre Eltern versichert waren, sondern können ihren Versicherungsschutz frei wählen.

Auszubildende benötigen zudem den Schutz einer Privathaftpflichtversicherung. Haben aber die Eltern einen Vertrag, müssen sich die Kinder noch nicht um einen eigenen kümmern: Sie sind bis zum Ende der ersten Ausbildung über ihre Eltern versichert.

Leerzeiten überbrücken

Baut sich eine Ausbildung aus mehreren Abschnitten auf – etwa Ausbildung im Betrieb und anschließend Studium –, sollten Sie zur Sicherheit mit dem Versicherer der Eltern sprechen, ob er all diese Abschnitte als „erste" Ausbildung anerkennt, sodass der Haftpflichtschutz dafür ausreicht. Das gilt vor allem, wenn zwischen den Ausbildungsabschnitten längere Pausen liegen.

Bei manchen Verträgen kann mit Ausbildungsbeginn alles bleiben wie zuvor. Beispiel Hausratversicherung: Bleibt der Azubi erst einmal bei den Eltern wohnen, gilt die Hausratversicherung der Familie weiter für ihn. Besser noch: Selbst wenn er unter der Woche seine Zeit im WG-Zimmer in der Nachbarstadt verbringt, schützt ihn oftmals weiterhin der elterliche Vertrag. Das ist über die sogenannte „Außenversicherung" möglich - zumindest bis zu einer Grenze, die meist bei zehn Prozent der Gesamtversicherungssumme liegt. Voraussetzung ist aber, dass die Kinder ihren eigentlichen Lebensmittelpunkt weiter im Elternhaus haben, also dort noch ein eigenes Zimmer haben und mit Hauptwohnsitz gemeldet sind.

Reicht die Außenversicherung doch nicht aus, heißt das aber nicht, dass Sie gleich eine eigene Hausratversicherung benötigen. Machen Sie sich zunächst Gedanken darüber, ob die Einrichtungsgegenstände schon einen solchen Wert haben, dass Sie einen Verlust – beispielsweise durch Feuer oder Diebstahl – finanziell nicht verkraften würden. Meist ist die Erstausstattung im

WG-Zimmer noch nicht besonders wertvoll, sodass sich eine eigene Versicherung noch nicht lohnt.

Empfehlenswert ist hingegen, sich schon bei Ausbildungsbeginn oder wenigstens in jungen Jahren um eine private Berufsunfähigkeitsversicherung zu kümmern. Gerade junge Leute haben häufig das Problem, dass sie keine oder nur eine sehr niedrige gesetzliche Erwerbsminderungsrente bekommen, wenn sie aus gesundheitlichen Gründen nicht (mehr) arbeiten können. Und außerdem gilt: Je jünger und gesünder Sie bei Vertragsabschluss sind, desto niedriger sind die Beiträge.

Wichtig für Studierende

Vieles, was für Auszubildende im Betrieb gilt, trifft auch auf Studierende zu: Wer seine erste Ausbildung noch nicht beendet hat, kann über die Privathaftpflichtversicherung der Eltern versichert bleiben. Zur Sicherheit gilt aber auch hier: Setzt sich die Ausbildung aus mehreren Abschnitten zusammen – etwa Bachelor- und Masterstudium –, sollten Sie beim Versicherer nachfragen, ob Sie für die gesamte Zeit Schutz haben.

Auch fürs WG- oder Wohnheimzimmer ist häufig nicht zwingend eine eigene Hausratversicherung nötig. Sinnvoll ist dagegen schon im Studium eine Berufsunfähigkeitsversicherung. Es gibt Einsteigertarife, die in den ersten Jahren besonders günstig sind. Dafür steigt der Beitrag später zum Teil deutlich an.

Im Vergleich zu den Auszubildenden im Betrieb gibt es für Studenten aber einen entscheidenden Unterschied, und zwar beim Thema Krankenversicherung. Studierende haben den Vorteil, dass für sie weiterhin die beitragsfreie Familienversicherung über ihre Eltern möglich bleibt, zumindest bis zum 25. Geburtstag und solange sie ein monatliches Einkommen von höchstens 505 Euro erzielen. Sonst steht ihnen die vergünstigte Absicherung in der studentischen Krankenversicherung offen. Voraussetzung dafür ist allerdings, dass sie im Normalfall während der Vorlesungszeiten nicht mehr als 20 Stunden in der Woche neben der Uni arbeiten.

Nebenjobs und Praktika

Wenn Studierende ihre Zeit an der Uni mit Nebenjobs und Praktika kombinieren, wird es manchmal schwierig, den Überblick zu behalten: Wann sind Beiträge zur Kranken- und Pflegeversicherung zu zahlen und wann nicht? Erkundigen Sie sich am besten bei Ihrer Krankenkasse nach den jeweiligen Rahmenbedingungen. Eine attraktive Möglichkeit zum Jobben bieten die Semesterferien, denn dann dürfen Sie für bis zu drei Monate am Stück auch mehr als 20 Stunden in der Woche arbeiten, ohne dass Sie für Ihren Verdienst – ganz gleich, wie hoch er ausfällt – Sozialabgaben leisten müssen.

Im ersten richtigen Job

Mit Abschlusszeugnis und Arbeitsvertrag in der Tasche wird es Zeit, das Thema Versicherungen richtig anzugehen. Denn spätestens mit dem ersten richtigen Job benötigen Sie eine eigene Privathaftpflichtversicherung, und Sie sollten sich gegen die finanziellen Folgen des Verlusts Ihrer Arbeitsfähigkeit durch eine Berufsunfähigkeitsversicherung absichern.

Für die Krankenversicherung gilt: Spätestens jetzt endet die beitragsfreie Familienversicherung, von der Sie als Student oder in Übergangsphasen profitieren konnten. Starten Sie als Angestellter, werden Sie zu Beginn meist aufgrund der Höhe Ihres Gehalts versicherungspflichtig in einer gesetzlichen Krankenkasse. Nur bei einem Verdienst über der Versicherungspflichtgrenze von 77 400 Euro im Jahr (Stand 2026) dürfen Sie sich privat krankenversichern.

In einer besonderen Position sind diejenigen Berufsanfänger, die Beamtenanwärter oder Beamte sind. Sie sind nicht versicherungspflichtig in einer gesetzlichen Krankenversicherung. Sie haben in einzelnen Berufen Anspruch auf freie Heilfürsorge oder sonst Anspruch auf Beihilfe ihrer Dienstherren, sodass sie nur für den restlichen Teil der Gesundheitsleistungen eine Krankenversicherung benötigen. Für sie ist im Regelfall die private Krankenversicherung erste Wahl.

Mit dem ersten Gehalt in der Tasche ergibt sich die Chance, sich das eine oder andere zu leisten, etwa ein eigenes Auto oder neue Möbel. Solche Investitionen wirken sich auf den Versicherungsbedarf aus. Die Kfz-Haftpflichtversicherung ist Pflicht, und mit zunehmendem Wert der Einrichtung wird eine Hausratversicherung wichtiger.

Schutz für Selbstständige

Sie arbeiten nicht angestellt, sondern sind Ihr eigener Chef? Grundsätzlich gilt vieles von dem, was Angestellte beachten sollten, auch für Sie – zum Beispiel, dass Sie eine Privathaftpflichtversicherung haben und eine eigene Immobilie mit der Wohngebäudeversicherung schützen sollten.

Einige Besonderheiten gilt es aber doch zu beachten: In der Regel haben Sie als Freiberufler oder Gewerbetreibender die Chance, eine private Krankenversicherung abzuschließen – Sie müssen nicht in einer gesetzlichen Krankenkasse bleiben – unabhängig von der Höhe Ihres Einkommens! Den Schritt zum privaten Versicherer sollten Sie sich jedoch gut überlegen. Lassen Sie sich nicht blenden, wenn die Beiträge zu Anfang attraktiv niedrig erscheinen. Die private Krankenversicherung kann im Laufe der Zeit deutlich teurer werden.

Eine weitere Besonderheit ist, dass Sie sich als Selbstständiger mehr Gedanken darüber machen sollten, was eigentlich passiert, wenn Sie längere Zeit krankheitsbedingt ausfallen. Ihre Situation ist anders als die von Angestellten, die dank ihres Arbeitgebers erst einmal abgesichert sind. Sollten Sie etwa durch eine Rücken-OP nicht arbeitsfähig sein, würde in den ersten sechs Wochen der Arbeitgeber den Lohn fortzahlen wie bisher. Diese Sicherheit haben Selbstständige nicht. Doch Sie können für Abhilfe sorgen: Wenn Sie privat krankenversichert sind, vereinbaren Sie mit dem Versicherer, ab wann er ein Krankentagegeld in welcher Höhe zahlt. Sind Sie in einer gesetzlichen Krankenkasse versichert, können Sie vereinbaren, ob und ab wann die Kasse während Ihrer Genesungszeit ein Krankengeld zahlt.

Und was, wenn Sie so schwer erkranken, dass Sie überhaupt nicht mehr berufstätig sein können? Um sich davor zu schützen, ist eine private Berufsunfähigkeitsversicherung unverzichtbar. Falls Sie sich diese nicht leisten können oder sie aufgrund von Vorerkrankungen nicht bekommen, gibt es einige Alternativen, die allerdings ihre Schwächen haben (siehe „Alternativen zur Berufsunfähigkeitsversicherung", S. 44). Die private Absicherung gegen Berufs- oder Erwerbsunfähigkeit ist umso wichtiger für die Selbstständigen, die keine Beiträge an die gesetzliche Rentenkasse zahlen und mit der Zeit ihren Anspruch auf eine gesetzliche Erwerbsminderungsrente verlieren (siehe „Gesetzlicher Schutz hat Lücken", S. 40).

Ein weiterer Bereich, den Selbstständige abdecken müssen, sind die betrieblichen Risiken. In manchen Branchen ist es Pflicht, eine Berufshaftpflichtversicherung abzuschließen. Außerdem ist es zumindest empfehlenswert, eine Berufs- oder Betriebshaftpflichtversicherung zu haben, um sich vor Schadenersatzansprüchen Ihrer Kunden oder Mandanten zu schützen.

Je nach Art Ihres Betriebes sind weitere Versicherungen sinnvoll, wie eine Inventarversicherung oder eine Betriebsausfallversicherung, die Sie finanziell entschädigt, wenn Sie beispielsweise nach einem Wasserschaden Ihre Firmenräume nicht nutzen können.

Vorab informieren

Jede Selbstständigkeit ist anders. Je nach Tätigkeit und Branche können völlig unterschiedliche Versicherungen nötig sein. Genaue Informationen und Tipps für den Vertragsabschluss bekommen Sie bei Ihrem Berufsverband oder bei der für Sie zuständigen Kammer. Oder Sie wenden sich an einen unabhängigen Versicherungsberater. Er verlangt zwar ein Honorar für seine Tätigkeit, aber er erhält keine Provision von Versicherungsunternehmen. Nur dann kann er Sie neutral beraten.

Als Paar gut geschützt – mit und ohne Trauschein

Wenn Sie mit Ihrem Partner zusammenziehen, ist bei den Versicherungen oft weniger die Frage: „Welche brauchen wir neu?", sondern: „Von welchen Verträgen können wir uns trennen?" Häufig bietet sich die Möglichkeit, Versicherungen, die beide einzeln abgeschlossen haben, zusammenzulegen und so Geld zu sparen. Wohnen Sie zusammen, benötigen Sie beispielsweise nur eine Privathaftpflichtversicherung. Der eine Partner kann in den Vertrag des anderen aufgenommen werden. Darüber müssen Sie Ihren Versicherer natürlich informieren. Den anderen Vertrag brauchen Sie nicht mehr und können ihn zum nächstmöglichen Termin ordentlich kündigen, bei manchen Versicherern geht das auch schon früher.

Ähnlich ist es bei der Hausratversicherung: Haben Sie beide eine, lassen sich manche Versicherer aus Kulanz darauf ein, dass Sie den neueren Vertrag vorzeitig Kündigen. Ist das nicht möglich, kündigt einer von Ihnen seinen Vertrag ordentlich zum nächstmöglichen Zeitpunkt.

Die erste gemeinsame Wohnung ist eine gute Gelegenheit, die nun gemeinsame Hausratversicherung auf den neuesten Stand zu bringen. In der Regel werden Sie die Versicherungssumme entsprechend erhöhen müssen.

Im Laufe der Zeit kann eine weitere Frage wichtig werden: Wie sichern wir uns gegenseitig ab, wenn einem von uns etwas zustößt? Mit einer Risikolebensversicherung ist das möglich. Beide Partner können jeweils einen eigenen Vertrag abschließen. Oder Sie entscheiden sich für einen gemeinsamen Vertrag – eine „verbundene Leben", wie das in der Branche genannt wird. Eine Risikolebensversicherung ist allen zu empfehlen, die jemanden versorgen und finanziell absichern wollen. Das gilt vor allem für Paare ohne Trauschein. Denn wer nicht verheiratet ist, hat beim Tod des Partners keinen Anspruch auf eine Witwen- oder Witwerrente aus der gesetzlichen Rentenversicherung und einen Erbanspruch nur dann, wenn der Verstorbene dies vorher etwa in einem Testament verfügt hatte.

Mit dem Trauschein vereinfachen sich die Fragen der gegenseitigen Absicherung ein wenig: Im Ernstfall hat der hinterbliebene Partner automatisch Anspruch darauf, etwas zu erben. Und er kann – wenn die Ehe im Regelfall mindestens ein Jahr gedauert hat – eine gesetzliche Hinterbliebenenrente bekommen. Allerdings ist diese Rente meist nicht besonders hoch. Und so ist der Abschluss einer Risikolebensversicherung auch für verheiratete Paare zu empfehlen.

Haben beide Partner bei der Hochzeit noch ihre eigene Privathaftpflichtversicherung? Nach der Hochzeit können sie den jüngeren von beiden Verträgen unter Umständen direkt kündigen. Wer verheiratet ist, kann je nach Berufs- und Einkommenslage zusätzlich von einem Vorteil in der Krankenversicherung profitieren. In der gesetzlichen Krankenversicherung ist es möglich, dass Ehepartner beitragsfrei über den Partner mitversichert werden. Das klappt allerdings nur, wenn der Mitversicherte kein oder nur ein geringes eigenes Einkommen hat. Sind Sie privat versichert, haben Sie die Möglichkeit der beitragsfreien Mitversicherung nicht – jeder Partner benötigt eigenen Schutz.

Wenn Sie verbeamtet sind, kann Ihnen die Hochzeit allerdings finanzielle Vorteile bringen, da der Ehepartner und gemeinsame Kinder grundsätzlich auch einen Beihilfeanspruch erhalten. Allerdings kann der Partner nur davon profitieren, wenn er ein geringes eigenes Einkommen hat. Die Einkommensgrenze legt der Dienstherr fest.

Es geht auseinander

Was Sie beim Zusammenziehen oder nach der Heirat an Beiträgen sparen, sollten Sie als zusätzlichen Aufwand wieder einplanen, wenn Sie sich trennen. Statt der gemeinsamen Privathaftpflichtversicherung brauchen beide Partner wieder einen eigenen Vertrag. Auch um den Hausratschutz muss sich jeder wieder allein kümmern. Mehr Informationen und Hilfestellungen rund um die organisatorischen und rechtlichen Fragen finden Sie im Ratgeber „Aus und Vorbei. Hilfe bei Trennung und Scheidung“ der Stiftung Warentest, erhältlich unter test.de/shop und im Buchhandel.

Als Familie auf der sicheren Seite

Kommt das erste Kind, sollten Sie sich Gedanken um die finanzielle Absicherung machen, falls Ihnen etwas zustößt. Allen, die Angehörige zu versorgen haben, ist eine Risikolebensversicherung sehr zu empfehlen. Dabei sollte die Versicherungssumme hoch genug sein, ab fünf Jahresgehältern.

Außerdem ist es ratsam, bestehende Verträge zu überprüfen und wenn nötig den Schutz zu erhöhen. Beispiel Berufsunfähigkeitsversicherung: Wenn von nun an eine weitere Person von Ihrem Einkommen leben muss, prüfen Sie, ob sich die bisher vereinbarte Rente bei Berufsunfähigkeit erhöhen lässt. Stellen Sie zudem sicher, dass in der Privathaftpflichtversicherung Schäden durch Kinder mitversichert sind (siehe „Die Familie absichern“, S. 50).

Ebenso müssen Sie sich um Verträge für den Nachwuchs selbst kümmern. Sie sind verpflichtet, das Kind entweder in Ihrer gesetzlichen Krankenkasse oder bei einem privaten Krankenversicherer anzumelden. Auch ein zusätzlicher Invaliditätsschutz – etwa durch eine Kinderinvaliditäts- oder eine Kinderunfallversicherung – kann sinnvoll sein (siehe „Eigene Verträge für die Kinder“, S. 52).

Für Immobilienbesitzer und Bauherren

Ein eigenes Haus oder eine Eigentumswohnung ist für die meisten die größte Investition ihres Lebens. Umso wichtiger ist es, die Immobilie von Beginn an abzusichern. Für Ihr Eigenheim benötigen Sie unbedingt eine Wohngebäudeversicherung. Auch eine Hausratversicherung ist sinnvoll.

Haben Sie eine Wärmepumpe oder eine Photovoltaikanlage, können Sie die gegen Schäden versichern. Bei einer Ölheizung ist eventuell eine Gewässerschadenhaftpflichtversicherung nötig. Prüfen Sie zuerst, ob Ihr Privathaftpflichtversicherer eine bestimmte Höchstgröße für Ihren Tank vorgibt oder verlangt, dass der Tank oberirdisch angebracht sein muss. Erfüllt Ihre Anlage die jeweiligen Voraussetzungen nicht, sollten Sie sich um den Zusatzschutz kümmern.

Bedenken Sie außerdem: Ihr Eigenheim braucht nicht erst Schutz, wenn Sie darin wohnen, sondern auch für die Bauphase.

➔ **Restschuldversicherung.** Damit Ihre Angehörigen finanziell auf der sicheren Seite stehen, falls Sie sterben, ist diese besondere Form der Risikolebensversicherung eine Möglichkeit, um Ihren Immobilienkredit abzusichern.

➔ **Bauherrenhaftpflichtversicherung.** Wird durch Ihre Baustelle ein Schaden verursacht, haften Sie dafür – etwa wenn spielende Kinder an einer schlecht abgesicherten Stelle stürzen oder herabfallende Werkzeuge parkende Autos beschädigen. Vor den finanziellen Folgen schützen Sie sich mit dieser speziellen Haftpflichtversicherung.

➔ **Bauleistungsversicherung.** Damit können Sie sich zum Beispiel vor den Folgen ungewöhnlicher Witterungsereignisse schützen, etwa wenn ein Sturm die Wände eindrückt. Der Versicherer zahlt aber auch, wenn jemand die frisch verputzten Wände beschmiert oder mutwillig Fensterbänke abbricht.

➔ **Feuerversicherung für den Rohbau.** Schließen Sie frühzeitig eine Wohngebäudeversicherung ab, ist die Immobilie auch schon als Rohbau geschützt.

➔ **Unfallversicherung für Bauhelfer.** Freiwillige Helfer aus dem Freundes- oder Familienkreis müssen Sie bei der Berufsgenossenschaft anmelden.

Wichtig im Rentenalter

Wenn mit Ende 50 oder spätestens Anfang 60 das Rentenalter langsam näherrückt, stellen sich neue Fragen. So wird die Absicherung für den Pflegefall zum Thema. Sie müssen davon ausgehen, dass Sie – sollten Sie im Alter pflegebedürftig werden – allein mit dem Geld aus der gesetzlichen Pflegeversicherung nicht alle Ausgaben decken können. Eine Möglichkeit, diese Lücke zu schließen, ist eine private Pflegezusatzversicherung. Für den Abschluss ist das Alter von etwa 55 Jahren ein guter Zeitpunkt. Wenn Sie schon Mitte 60 sind, kann es hingegen selbst bei bester Gesundheit schwierig werden, einen Vertrag zu bekommen.

Interessant kann im Rentenalter auch eine spezielle Unfallversicherung für Senioren werden. Diese Verträge zeichnen sich dadurch aus, dass Sie sich nach einem Unfall zum Beispiel besondere Hilfsdienste für zu Hause sichern können.

Auch im Ruhestand müssen Sie sich um die Krankenversicherung kümmern. Waren Sie zum Ende Ihres Berufslebens gesetzlich krankenversichert, werden Sie es auch im Ruhestand sein. Dann zahlen Sie Ihre Versicherungsbeiträge abhängig von Ihrem Einkommen, also Ihrer Rente. Wenn Sie hingegen vor dem Ruhestand privat krankenversichert waren, können Sie sich als Rentner nicht mehr gesetzlich krankenversichern. Die Beiträge zur privaten Krankenversicherung richten sich nicht nach Ihrem Einkommen, sondern nach Ihrem Tarif und den vereinbarten Leistungen. Ihre Ausgaben werden mit zunehmendem Alter höchstwahrscheinlich steigen und können zu einer enormen finanziellen Belastung werden.

Mit dem Alter fallen auch manche Kosten weg. So endet Ihre Berufsunfähigkeitsversicherung spätestens beim Rentenbeginn. Damit fällt ein großer Posten auf der Ausgabenseite weg. Hinzu kommt, dass es bei verschiedenen Versicherungen wie der Privathaftpflicht oder dem Rechtsschutz mit „Seniorentarifen" besondere Rabatte für ältere Kunden gibt. Erkundigen Sie sich aber vor einem Wechsel genau, welche Leistungen dieser Seniorentarif bietet, und nehmen Sie sich noch einmal Zeit für einen Angebotsvergleich: Es ist durchaus möglich, dass der vermeintlich günstige Seniorentarif bei einem Versicherer teurer ist als ein Normaltarif bei einem anderen Versicherer.

Schritt 2:

Versicherungen für jede Lebenslage

Auf den folgenden Seiten stellen wir Ihnen die wichtigsten Versicherungen vor: Von der Haftpflicht, der Kranken- und der Lebensversicherung, über Versicherungen für Hausrat, Haustiere und Heizung bis hin zum Rechtsschutz, Rente und Reise.

Sie erfahren, welche Anforderungen die Versicherungen erfüllen sollten, welche Leistungen Sie erwarten können und welchen zusätzlichen Schutz es gibt. Außerdem erfahren Sie, ob es in dem betreffenden Segment große Preisunterschiede gibt und welche Versicherungen in aktuellen Tests der Stiftung Warentest besonders gut abgeschnitten haben.

Haftpflichtschutz: Wenn Sie andere schädigen

Schadenersatz kann teuer werden. Deshalb gehört eine Privathaftpflichtversicherung in jeden Haushalt. In vielen Fällen sind weitere Haftpflichtverträge nötig.

Schon ein kleines Missgeschick reicht aus: Sie wollen bei einer Feier mit Ihrem gefüllten Glas an den Nachbartisch, bleiben mit Ihrer Tasche an einem Stuhl hängen, stolpern und verschütten Ihren Rotwein.

Die Reinigungskosten für den unschönen Fleck auf dem Anzug eines anderen Gastes können Sie vermutlich noch selbst aufbringen. Doch was, wenn sich der Wein über das Smartphone Ihres Tischnachbarn ergießt und dessen Gerät dadurch unbrauchbar wird? Auch dann können Sie zwar den Schaden oftmals noch selbst ersetzen, aber natürlich schmerzt es, ein paar Hundert Euro aus eigener Tasche zu zahlen.

Besser dran sind Sie mit einer Privathaftpflichtversicherung, die in so einem Fall den Schadenersatz für Sie übernimmt. Der Versicherer springt ein, wenn Sie jemand anderem einen Schaden zufügen.

Dieser Schutz ist besonders wichtig, weil Sie nicht nur für Schäden an Gegenständen wie Anzug oder Smartphone haften, sondern auch für die Folgen aufkommen müssen, wenn Sie zum Beispiel versehentlich jemanden schwer verletzen. Verursachen Sie etwa als Radfahrer einen Unfall und kommt dabei ein Fußgänger zu Schaden, haften Sie beispielsweise für die Ausgaben für seine Behandlung, für die Kosten einer Reha-Maßnahme und im ungünstigen Fall auch für eine Rente, sollte der Geschädigte nicht mehr arbeiten können. Sie haften per Gesetz bis zur Pfändungsfreigrenze mit Ihrem gesamten Vermögen für Schäden, die Sie anderen zufügen. Ein von Ihnen verursachter Fahrradunfall könnte Sie ruinieren.

Nicht ohne Privathaftpflichtversicherung

Um sich vor Schadenersatzforderungen zu schützen, sollte in keinem Haushalt eine Privathaftpflichtversicherung fehlen. Sehr guter Schutz ist für unter 100 Euro im Jahr zu bekommen (siehe Kasten „Unser Rat“, S. 28). Kinder sind bis zum Ende der ersten Ausbildung über den Vertrag der Eltern geschützt. Wer also beispielsweise nach dem Abitur ein Studium aufnimmt oder eine betriebliche Ausbildung beginnt, benötigt keinen eigenen Vertrag, selbst wenn er schon zu Hause ausgezogen ist.

Spätestens mit Beginn des ersten richtigen Jobs ist die familiäre Absicherung aber nicht mehr möglich. Eventuell müssen Sie aber doch schon früher handeln, beispielsweise wenn die einzelnen Ausbildungsabschnitte nicht nahtlos aneinander anschließen (siehe „Der Versicherungsbedarf verändert sich“, S. 17).

Vertrag auf dem neuesten Stand?

Sie sind erstmals auf der Suche nach einer Haftpflichtversicherung oder wollen Ihren bisherigen Schutz wechseln? Dann lohnt sich vor Vertragsabschluss ein Blick auf die Testsieger, die unsere Experten im Herbst 2023 ermittelt haben (siehe „Unser Rat“, S. 28).

Sie haben bereits einen Vertrag, aber keine Wechselabsichten? Auch dann ist es angebracht, sich mit der Haftpflichtversicherung zu beschäftigen. Klären Sie, ob der

Schutz noch hoch genug ist. Gerade wenn Sie den Vertrag bereits vor mehreren Jahren abgeschlossen haben, sollten Sie einen Blick auf die Bedingungen werfen: Wie hoch ist die ursprünglich vereinbarte Versicherungssumme? Welche Leistungen sind inbegriffen, welche nicht?

Die Vertragsbedingungen sind in den vergangenen Jahren deutlich besser geworden, es gibt viele sehr gute Angebote, wie die jüngsten Untersuchungen der Stiftung Warentest belegen. Wichtig ist zum Beispiel, dass die Versicherungssumme hoch genug ist. Mindestens 10 Millionen Euro pauschal für Sach- und Personenschäden sollten es sein. Elne Forderungsausfalldeckung schützt Sie, Ihnen selbst ein Schaden durch eine unversicherte Person entsteht. Wichtig ist zudem, dass Schäden im Ausland versichert sind. Mietsachschäden sollten mindestens in Höhe von 500 000 Euro gedeckt sein. Diese und andere besonders wichtige Leistungen haben wir in unserem „Grundschutz" für empfehlenswerte Tarife aus unseren Untersuchungen vorgegeben.

Abgesehen davon können je nach aktueller Lebenssituation oder den persönlichen Wünschen weitere Extras für Ihren persönlichen Haftpflichtschutz sinnvoll sein. Wenn Sie zum Beispiel kleine Kinder haben, kann es sich auszahlen, mit dem Versicherer zu vereinbaren, dass er für Schäden durch deliktunfähige Personen aufkommt (siehe „Die Familie absichern", S. 50).

Empfehlenswert ist außerdem, dass der Versicherer für Schadenersatzforderungen der Versicherten untereinander zahlt. Schließlich treffen mögliche Fehler im Haushalt am ehesten den Partner oder die Kinder. Normalerweise zahlen die Haftpflichtversicherer dafür aber nicht. Doch es gibt Anbieter, die trotzdem einspringen und in so einem Fall zumindest für Personenschäden aufkommen.

AUSFÜLLHINWEIS

→ S. 107

Formular D Checkliste Privathaftpflichtversicherung

Die Stiftung Warentest hat einen Katalog an Leistungen zusammengestellt, die ein empfehlenswerter Haftpflichttarif bieten sollte. Diesen sogenannten Grundschutz finden Sie im Formularteil. Nehmen Sie die Übersicht zur Hand und überprüfen Sie, ob Ihr aktueller Tarif oder ein vorliegendes Angebot für eine neue Privathaftpflichtversicherung diese Leistungen beinhaltet.

Wann Zusatzschutz notwendig ist

Auch wenn Sie sich für einen sehr leistungsstarken Tarif entschieden haben: Es gibt Alltagssituationen, in denen Sie trotz Privathaftpflichtversicherung keinen Schutz haben. Das gilt zum Beispiel für Hundehalter. Die Privathaftpflichtversicherung kommt zwar für Schäden durch Katzen, Vögel oder Kleintiere wie Hamster und Meerschweinchen auf, nicht aber, wenn Ihr Hund einen Schaden verursacht, weil er etwa einen Fußgänger beißt oder ein Kind sich vor ihm erschrickt und sich deshalb verletzt. Für so einen Fall benötigen Sie eine Tierhalterhaftpflichtversicherung. Für Hundehalter in manchen Bundesländern ist sie gesetzlich vorgeschrieben. Aber auch wenn das bei Ihnen nicht gilt, sollten Sie sie abschließen.

Weiteren wichtigen Haftpflichtschutz gibt es für folgende Lebensbereiche:

- Sind Sie Halter eines Autos, ist Haftpflichtschutz per Gesetz in Deutschland vorgeschrieben. Der Haftpflichtversicherer springt ein, wenn mit Ihrem Fahrzeug ein Unfall verursacht wird. Mehr dazu unter „Sicher unterwegs im Straßenverkehr", S. 68.
- Haben Sie sich für einen der neuen E-Scooter (Tretroller mit Elektroantrieb) ent-

UNSER RAT

Privathaftpflichtversicherung

Bedarf und Leistungen. Der Schutz sollte in keinem Haushalt fehlen. Der Versicherer zahlt für Schäden, die Sie jemandem aus Versehen, auch bei grober Fahrlässigkeit, zugefügt haben – aber nicht für absichtlich herbeigeführte Schäden.

Die Günstigsten im Test. Die Stiftung Warentest überprüft fortlaufend die aktuellen Haftpflichttarife. Das Ergebnis zeigt, dass eine umfassende Absicherung nicht teuer sein muss: Den günstigsten sehr guten Tarif bietet WGV (Basis) für 49 Euro im Jahr. Die sieben leistungsstärksten im Test mit Bestnote Sehr gut (0,6) gibt es bereits ab 80 Euro wie den WGV (Plus) Tarif. SDK Nova Plus kostet mit 81 Euro unwesentlich mehr.

Bei Neuabschluss. Suchen Sie sich einen Tarif aus, der den von der Stiftung Warentest vorgegebenen Grundschutz erfüllt. Überlegen Sie, ob Ihnen Extra-Leistungen wichtig sind, etwa der Schutz bei Schäden durch deliktunfähige Kinder.

Bei vorhandenem Vertrag. Gerade wenn Ihr Vertrag schon mehrere Jahre läuft, prüfen Sie die Bedingungen und die Höhe der Versicherungssumme. Ein Neuvertrag kann nicht nur bessere Leistungen bieten, sondern sogar günstiger sein.

schieden, müssen Sie eine separate Haftpflichtversicherung haben. Nutzen Sie hingegen ein Pedelec (E-Bike), greift der Schutz der Privathaftpflichtversicherung, sofern sie die entsprechende Deckungserweiterung beinhaltet. Sonst gehen Versicherte leer aus, die mit einem Pedelec einen Unfall verursachen und Schadenersatz zahlen müssen.

➔ Sind Sie beruflich selbstständig? Als Unternehmer haften Sie für Schäden, die Sie oder Ihre Mitarbeiter im Zusammenhang mit Ihrer beruflichen oder betrieblichen Tätigkeit verursachen – ganz gleich, ob Sie Steuerberaterin, Fliesenleger oder Architekt sind. Gegen solche Schadenersatzansprüche können Sie sich mit einer Berufs- oder Betriebshaftpflichtversicherung wappnen. Für einzelne Berufsgruppen ist sie gesetzlich vorgeschrieben.

➔ Haben Sie als Hausbesitzer eine Ölheizung? Dann kann es sein, dass Sie aufgrund des Heizöltanks eine separate Gewässerschaden-Haftpflichtversicherung abschließen müssen. Je nach Größe oder Art des Tanks ist es möglich, dass der Schutz der Privathaftpflichtversicherung hierfür nicht reicht.

➔ Wer gerade ein Haus baut, sollte dieses Vorhaben unbedingt mit einer Bauherren-Haftpflichtversicherung schützen. Als Bauherr haften Sie für Schäden, die rund um das Bauprojekt entstehen, wenn etwa ein parkendes Auto von herabfallenden Bauteilen getroffen wird. Bauen Sie eine bestehende Immobilie um, kann es sein, dass dafür die Privathaftpflichtversicherung noch ausreicht. Je nach Tarif sind zum Beispiel Arbeiten im Wert von bis zu 100 000 Euro abgesichert. Ein Blick in die Vertragsunterlagen bringt hier Klarheit.

➔ Im Winter kann es schnell passieren: Der Postbote rutscht auf dem vereisten Gehweg zu Ihrer Haustür aus. Wenn Sie allein in Ihrem eigenen Haus leben, haben Sie für einen solchen Notfall Schutz über die Privathaftpflichtversicherung. Das gilt in der Regel auch noch, wenn Sie nur einzelne Zimmer oder eine Einliegerwohnung mit maximal drei Zimmern in Ihrem Haus vermieten. Sobald Sie aber mehr vermieten, benötigen Sie den Schutz einer Haus- und Grundbesitzerhaftpflichtversicherung, um gegen die finanziellen Folgen von Schäden auf Ihrem Grund gewappnet zu sein.

Krankheit und Pflege: Privat oder gesetzlich?

Sie gehören zu den Basisversicherungen, die jeder haben muss: Kranken- und Pflegeversicherung sind gesetzlich vorgeschrieben. Doch gibt es vielfältige Varianten, sich abzusichern.

Ob es um eine Routineuntersuchung bei Ihrer Hausärztin geht, um einen Zahnarzttermin, eine Hüft-OP, Termine bei der Logopädin oder beim Physiotherapeuten: Jeder soll die Möglichkeit haben, die medizinische Behandlung zu bekommen, die notwendig ist. Deshalb ist die Krankenversicherung gesetzliche Pflicht. Auch die Absicherung für den Pflegefall ist per Gesetz vorgeschrieben.

Für beiden Versicherungen gibt es in Deutschland zwei unterschiedliche Systeme: Entweder sind Sie wie die meisten in einer gesetzlichen Krankenkasse versichert oder privat. Gesetzlich Versicherte zahlen einen Beitrag, der sich nach ihrem Einkommen richtet. Dabei sind über die sogenannte Familienversicherung Kinder, Ehe- oder eingetragener Lebenspartner beitragsfrei mitversichert sind. Wer gesetzlich krankenversichert ist, der ist automatisch auch in der gesetzlichen Pflegeversicherung.

Wer privat versichert ist, hat es nicht mit einer Krankenkasse zu tun, sondern mit einer Versicherung. Die Höhe des Beitrags richtet sich nicht nach Ihrem Einkommen, sondern nach den mit dem Versicherer vertraglich vereinbarten Leistungen. Auch das Alter und der Gesundheitszustand bei Vertragsabschluss spielen eine Rolle.

Privatversicherte gelten als privilegiert, doch das kann sich als Trugschluss erweisen. So steigen die Beiträge mit zunehmenden Alter, Familienangehörige müssen separat versichert werden, und viele Tarife haben erhebliche Leistungslücken. Privat Krankenversicherte müssen eine private Pflegepflichtversicherung abschließen.

Wer darf sich privat versichern?

Mehr als 74 Millionen Deutsche sind gesetzlich versichert. Das sind knapp 90 Prozent aller Versicherten. Dazu muss man wissen, dass die private Krankenversicherung nicht jedem offensteht. Nur unter bestimmten Voraussetzungen haben Sie die Möglichkeit, sich privat zu versichern:

➔ **Angestellte.** Sie sind versicherungspflichtig in einer gesetzlichen Krankenkasse, solange ihr Jahreseinkommen bei höchstens 77 400 Euro liegt. Das ist die sogenannte Versicherungspflichtgrenze im Jahr 2026. Sie ändert sich jedes Jahr.

➔ **Angestellte mit höherem Verdienst.** Verdienen sie über 77 400 Euro, können sie entscheiden, ob sie sich als freiwilliges Mitglied in einer gesetzlichen Kasse versichern oder ob sie in die private Krankenversicherung wechseln.

➔ **Beamte.** Für sie lohnt sich meist der Weg in die private Krankenversicherung. Denn sie haben Anspruch auf Beihilfeleistungen. Das bedeutet, dass ihr Dienstherr ihnen einen Zuschuss zu den Gesundheitsausgaben zahlt, bei Bundesbeamten sind das 50 Prozent, bei Pensionisten sind es sogar 70 Prozent. Dann benötigen sie nur für die restlichen Ausgaben eine Krankenversicherung. Alternativ können sie sich freiwillig in einer gesetzlichen Krankenkasse versichern. Dann müssen sie aber in vielen Fällen den kompletten Beitrag allein zahlen.

Es gibt allerdings einige Ausnahmen, denn in den Bundesländern Hamburg, Baden-Württemberg, Berlin, Brandenburg,

Bremen und Thüringen können neue Landesbeamte vereinbaren, dass ihnen nicht ihre Gesundheitskosten anteilig erstattet werden, sondern dass sie über die pauschale Beihilfe von ihrem Dienstherrn einen Zuschuss zu den Beiträgen der gesetzlichen Kasse erhalten. Für Beamte in den niedrigen Besoldungsgruppen kann sich dieser Weg lohnen, wenn sie Kinder haben, die sie beitragsfrei mitversichern können. Doch die Entscheidung sollte gut überlegt sein, denn ein Wechsel ist später nicht mehr möglich.

➔ **Selbstständige.** Sie haben die Wahl, ob sie sich gesetzlich oder privat krankenversichern wollen – unabhängig von Ihrem einkommen.

➔ **Kinder.** Entscheidend ist zunächst, wie die Eltern versichert sind. Davon hängt ab, ob für die Kinder die beitragsfreie Familienversicherung in einer gesetzlichen Kasse infrage kommt oder ob die Eltern für sie eine private Krankenversicherung abschließen. Fest steht aber: Sobald ein Kind eine betriebliche Ausbildung beginnt, muss es selbst Mitglied einer gesetzlichen Krankenkasse werden – auch wenn es noch keine 18 ist und ganz gleich, ob es vorher gesetzlich oder privat versichert war. Für Studierende ist das anders: Sie können bis zum 25. Geburtstag beitragsfrei über die Eltern versichert bleiben oder sich von der gesetzlichen Versicherungspflicht zugunsten einer privaten Versicherung befreien lassen.

➔ **Rentner.** Je nachdem, ob sie zuletzt im Berufsleben gesetzlich oder privat krankenversichert waren, werden sie es auch im Ruhestand sein. Ein Wechsel aus der privaten in die gesetzliche Krankenversicherung ist in aller Regel nach dem 55. Geburtstag ausgeschlossen.

Die Qual der Wahl

Wer die Wahl zwischen beiden Systemen hat, sollte sich die Entscheidung gut überlegen. Wenn Sie sich für die private Krankenversicherung entscheiden, wird es später schwierig, in eine gesetzliche Kasse zurückzukehren. Spätestens ab dem Alter von 55 Jahren scheidet die Rückkehr ohnehin aus, und auch vorher klappt es nicht ohne Weiteres. Wenn Sie angestellt beschäftigt sind und bei hohem Verdienst zu einem privaten Versicherer gegangen sind, können Sie nur dann in eine gesetzliche Kasse zurück, wenn Sie wieder versicherungspflichtig werden – zum Beispiel, wenn Ihr Einkommen unter die Versicherungspflichtgrenze sinkt.

Für Angestellte und Selbstständige dürfte die Absicherung in der gesetzlichen Krankenversicherung langfristig in aller Regel günstiger sein. Denn hier zahlen Sie die Beiträge in Abhängigkeit von Ihrem Einkommen. Das hat den Vorteil, dass die Beiträge sinken, wenn Sie weniger verdienen oder in den in den Ruhestand gehen. Günstiger ist der gesetzliche Schutz außerdem für Familien, denn über die beitragsfreie Familienversicherung können Kassenpatienten mit Kindern einiges sparen, da sie ihre Kinder nicht eigens versichern müssen.

Auf der anderen Seite können die Leistungen der privaten Krankenversicherung je nach vereinbartem Vertrag deutlich über die der gesetzlichen Kassen hinausgehen. Deshalb kann der Weg in die private Krankenversicherung für diejenigen interessant sein, die sich bessere Leistungen wünschen und in der Lage sind, dafür mehr zu zahlen. Für Beamte ist die private Krankenversicherung fast immer die bessere Wahl. Einen Überblick zu beiden Systemen bietet die Tabelle auf der folgenden Seite.

Gesetzliche und private Krankenversicherung im Vergleich

Wichtige Unterschiede zwischen den beiden Versicherungssystemen:

Gesetzliche Krankenversicherung	Private Krankenversicherung
Leistungen	
Die angebotenen Leistungen sind zu zirka 95 Prozent gesetzlich vorgeschrieben und damit bei allen Kassen gleich. Der Gesetzgeber kann diese Leistungen auch streichen oder ändern.	Kunden vereinbaren Art und Umfang der Leistungen vertraglich mit dem Versicherer. Es sind höhere, aber auch geringere Leistungen möglich als in der gesetzlichen Versicherung. Die vertraglichen Leistungen sind bis ans Lebensende garantiert.
Patienten erhalten Behandlungen und Medikamente ohne Rechnung über die Versichertenkarte und zahlen nur die gesetzlichen Zuzahlungen. Mit der ärztlichen Abrechnung haben sie nichts zu tun.	Patienten erhalten von Ärzten oder in der Apotheke Rechnungen, die sie bezahlen. Der Versicherer erstattet dann die Kosten bis zu der Höhe, wie sie im Vertrag vorgesehen ist.
Beiträge	
Der Beitrag richtet sich nach dem Einkommen bis zur Beitragsbemessungsgrenze. Sinkt das Einkommen, sinkt auch der Beitrag. Selbstständige mit geringen Einkünften zahlen einen Mindestbeitrag. Familienmitglieder ohne eigenes Einkommen sind beitragsfrei mitversichert.	Der Beitrag richtet sich nach dem Leistungsumfang des Tarifs sowie nach dem Eintrittsalter und Gesundheitszustand bei Vertragsschluss. Der Beitrag sinkt daher nicht, wenn das Einkommen geringer wird. Jedes Familienmitglied benötigt einen eigenen Vertrag.
Der Beitrag steigt, wenn der allgemeine Beitragssatz der Krankenkassen per Gesetz angehoben wird oder die eigene Kasse ihren Zusatzbeitragssatz erhöht. Für Gutverdiener steigt der Beitrag auch durch die jährliche Anhebung der Beitragsbemessungsgrenze.	Der Beitrag steigt immer dann, wenn die Ausgaben der Versicherer oder die Lebenserwartung der Kunden dauerhaft über den Werten liegen, mit denen die Versicherer kalkuliert hatten.
Wechsel zwischen den Anbietern	
Der Wechsel zu einer anderen allgemein geöffneten Krankenkasse ist nach 12 Monaten Mitgliedschaft oder bei einer Erhöhung des Zusatzbeitrags jederzeit möglich. Ihr Gesundheitszustand spielt keine Rolle.	Private Versicherer können Kunden ablehnen, zum Beispiel wegen Vorerkrankungen. Beim Wechsel zu einer anderen Gesellschaft verlieren Versicherte außerdem immer einen Teil ihrer Alterungsrückstellung.
Recht im Streitfall	
Widerspruch gegen Entscheidungen der Krankenkasse ist kostenlos. Klage nach Sozialrecht. Geringeres Prozesskostenrisiko: Gerichtsgebühren und Anwaltshonorare richten sich nicht nach dem Streitwert, sondern sind gesetzlich begrenzt.	Kein gesetzlich geregeltes Widerspruchsrecht. Klage nach Zivilrecht. Höheres Prozesskostenrisiko: Gerichtsgebühren und Anwaltshonorare richten sich nach dem Streitwert, ohne Begrenzung.
Verliert der Versicherte vor Gericht, muss er nur seine eigenen Kosten tragen, nicht die der Krankenkasse.	Verliert der Versicherte vor Gericht, muss er die eigenen und die Kosten des Gegners tragen, zum Beispiel auch für teure Gutachten.

Breites Angebot an Krankenkassen

Egal, ob Sie aufgrund Ihrer beruflichen Situation dazu verpflichtet sind oder ob Sie sich freiwillig für die gesetzliche Krankenversicherung entscheiden: Sie haben als Kassenpatient mehr Auswahl, als Sie vielleicht annehmen. Schließlich gibt es 94 Krankenkassen in Deutschland, aus denen Sie wählen können, wenn Sie bestimmte Voraussetzungen erfüllen (siehe unten). Und ein Wechsel ist recht einfach.

Viele Kassen stehen allen gesetzlich Versicherten offen, andere können zumindest die Bürger eines oder mehrerer Bundesländer wählen. Darüber hinaus gibt es noch einige Kassen, die nur für die Mitarbeiter eines bestimmten Betriebs und deren Angehörige geöffnet sind.

Auswahlkriterium Beitragssatz

Es gibt verschiedene Kriterien, die Sie bei der Auswahl Ihrer Kasse berücksichtigen können, eines davon ist der Beitragssatz: Einen Beitrag von 14,6 Prozent erheben alle Kassen, darüber hinaus dürfen sie einkommensabhängige Zusatzbeiträge festlegen. Für die Mitglieder aller Kassen wird so ein Zusatzbeitrag fällig, der aktuell zwischen 2,18 und 4,4 Prozent liegt.

Als Angestellter teilen Sie sich den Beitrag mit Ihrem Arbeitgeber je zur Hälfte. Als Selbstständiger müssen Sie ihn in der Regel allein aufbringen. Es sei denn, Sie sind etwa als freier Journalist oder Schauspielerin über die Künstlersozialkasse versichert. Dann fällt auch für Sie nur der halbe Beitragssatz an, den Rest erhalten Sie als Zuschuss.

Wenn Sie bereits im Ruhestand sind, zahlen Sie für die gesetzliche Rente ebenfalls nur den halben Beitragssatz Ihrer Krankenkasse. Den Rest erhalten Sie als Zuschuss aus der Rentenkasse. Die meisten Betriebsrentner werden seit Januar 2020 bei den Krankenkassenbeiträgen per Gesetz entlastet. Für sie gilt mittlerweile ein Freibetrag von 187,25 Euro (Stand 2025), auf den keine Krankenkassenbeiträge fällig werden. Erst auf darüber hinausgehende Betriebsrenten müssen Beiträge gezahlt werden.

Je nachdem, welches Einkommen Sie erzielen, macht sich ein Unterschied beim Beitragssatz mehr oder weniger deutlich bemerkbar. Verdienen Sie 3.000 Euro brutto im Monat, macht das beim Wechsel von der teuersten zur günstigsten Kasse rund 400 Euro im Jahr.

Besonders lohnend ist der Wechsel für Selbstständige, die freiwillig gesetzlich krankenversichert sind. Da sie die Beiträge allein zahlen, sparen sie doppelt so viel wie Angestellte – in unserem Beispiel also rund 800 Euro jährlich.

Generell werden Beiträge nur bis zur Bemessungsgrenze von 5812,50 Euro im Monat, also 69750 Euro im Jahr (Stand: 2026) berechnet.

Pflegeversicherung obendrauf

Nicht vergessen: Zum Beitrag für die gesetzliche Krankenversicherung kommt immer noch der Beitrag für die gesetzliche Pflegeversicherung hinzu – derzeit 3,6 Prozent. Diesen Beitragssatz teilen sich Angestellte ebenfalls mit ihrem Arbeitgeber (Sonderregelung in Sachsen: Arbeitgeber übernimmt nur 1,3%). Sind Sie älter als 23 und haben keine Kinder, müssen Sie zusätzlich 0,6 Prozent extra für die Pflegeversicherung aufbringen. Ab dem zweiten Kind (unter 25 Jahren) reduzieren sich die Beiträge um 0,25 Prozentpunkte. Als Rentner zahlen Sie den kompletten Beitrag zur Pflegeversicherung allein.

Leistungen im Vergleich

Doch nicht nur im Preis unterscheiden sich die Kassen, auch bei den Leistungen gibt es Unterschiede. Ungefähr 95 Prozent der Kassenleistungen sind gleich und gesetzlich vorgeschrieben. Darüber hinaus bieten die Krankenkassen aber Zusatzleistungen an, die durchaus attraktiv sein können: Zuschüsse zur professionellen Zahnreinigung, zu Osteopathiebehandlungen, Reiseimpfungen, künstliche Befruchtungen, Leistungen in den Bereichen Schwangerschaft, Vorsorge für Kinder und Jugendliche, sportmedizinische Untersuchungen, Gesundheitskurse und manches mehr. Die Unterschiede sind teils erheblich. Als besonders innovativ ist uns bei unserem Test im Juli 2025 die SKD BKK aufgefallen, die manche Extraleistungen vollständig übernimmt und zu den günstigeren Versicherungen gehört.

Unterschiede gibt es auch beim Service der Kassen: Während die einen ein breites Filialnetz betreiben und vor Ort erreichbar sind, setzen andere auf Online- und telefonische Erreichbarkeit. Alle Kassen betreiben mittlerweile Online-Geschäftsstellen, bei denen man zum Beispiel Krankschreibungen hochladen oder Mitgliedsbescheinigungen für Studierende herunterladen kann. Auch Angebote wie medizinische Beratung am Telefon, Hausbesuche oder die Vermittlung von Facharztterminen sind in unterschiedlichem Ausmaß vorhanden.

In Summe kann das dazu führen, dass eine vermeintlich günstige Kasse vielleicht gar nicht die beste Wahl ist. Je nach Einkommen bringt ein um ein paar Zehntel-Prozentpunkte günstigerer Beitragssatz ein paar Euro Ersparnis im Monat. Vielleicht übernimmt aber eine etwas teurere Kasse genau die Extraleistungen, die Sie in Anspruch nehmen, sodass sie die höheren Monatsbeiträge leicht ausgleichen.

UNSER RAT

Gesetzliche Krankenversicherung

Bedarf und Leistungen. Die gesetzliche Krankenversicherung ist Pflicht für alle, die sich nicht privat krankenversichern dürfen. Der Versicherer zahlt für medizinisch notwendige Behandlungen und übernimmt zum Beispiel die Kosten für Arztbesuche, Krankenhausaufenthalte und vom Arzt verordnete Medikamente. Auch Reha- und Präventionsmaßnahmen werden übernommen. Je nach Kasse können Sie bestimmte Zusatzleistungen erhalten, zum Beispiel Zuschüsse zur professionellen Zahnreinigung, Osteopathie, zum Yogakurs oder zu Reiseimpfungen.

Die Günstigsten im Test. Im Oktober 2025 ist die BKK Firmus mit einem Beitragssatz von 16,78 Prozent am günstigsten. Dicht gefolgt von der hkk mit 16,79 Prozent. Unter den großen Kassen ist mit 17,05 Prozent die Techniker Krankenkasse relativ günstig. Je nach Ihrer individuellen Situation kann es aber sein, dass eine etwas teurere Kasse aufgrund ihrer Zusatzleistungen für Sie letztlich die bessere Wahl ist.

Bei Neuabschluss. Schauen Sie nicht nur auf den Beitragssatz, sondern überlegen Sie, welche Zusatzleistungen Ihnen wichtig sind. Auch den Service sollten Sie sich genauer anschauen.

Bei vorhandenem Vertrag. Sind Sie unzufrieden mit Ihrer Krankenkasse, ist ein Wechsel zu einer anderen Kasse nach 12 Monaten Mitgliedschaft oder einer Erhöhung des Zusatzbeitrags ohne weiteres möglich. Vergleichen Sie die Leistungen mit denen anderer Kassen.

Als Familie mit kleinen Kindern stellen Sie an Ihre Krankenkasse vermutlich andere Ansprüche als etwa ein Rentner. Einem sportlichen Single sind andere Leistungen wichtig als einem chronisch erkrankten Familienvater. Nutzen Sie die Checkliste im Formularteil: Im Formular E nennen wir Leistungen, die in verschiedenen Lebenssituationen eine besondere Relevanz haben können. Suchen Sie eine neue Kasse, erkundigen Sie sich dort, ob sie die jeweiligen Extras bietet. Wenn Sie bei Ihrer bisherigen Kasse bleiben wollen, schauen Sie sich den Leistungskatalog einmal genauer an. Vielleicht bietet Ihre Kasse Extras, von denen Sie bisher gar nichts wussten.

Zeit für den Wechsel?

Über die Seite test.de/krankenkassen können Sie für 4,90 Euro die Beitragssätze und die Leistungen von 67 Krankenkassen in Deutschland vergleichen. Beachten Sie: Sie dürfen Ihre bisherige Krankenkasse wechseln, wenn Sie dort für mindestens 12 Monate versichert waren. Sollte die Krankenkasse den Beitragssatz erhöhen, haben Sie zudem ein Sonderkündigungsrecht. Die Kündigung ist zum Ablauf des übernächsten Monats möglich.

Mit privaten Zusatzverträgen Schutz ausbauen

Die Leistungen der gesetzlichen Krankenversicherung reichen Ihnen nicht? Am liebsten hätten Sie die Leistungen, die sich Privatpatienten sichern können – zum Beispiel die Chefarztbehandlung im Krankenhaus, die Übernahme der Kosten für einen Heilpraktiker oder höhere Zuschüsse beim Zahnersatz? Wenn Sie sich aufgrund Ihres Einkommens nicht privat krankenversichern dürfen oder sich den Schutz der privaten Krankenvollversicherung nicht leisten können oder wollen, haben Sie als Kassenpatient die Möglichkeit, sich einzelne Leistungen von privaten Krankenversicherern „einzukaufen“. Private Krankenzusatzversicherungen machen es möglich.

Mit einer privaten Zusatzversicherung können sich Kassenpatienten zum Beispiel die Chefarztbehandlung und den Aufenthalt im Ein- oder Zweibettzimmer im Krankenhaus ermöglichen, ohne die Ausgaben dafür aus eigener Tasche zahlen zu müssen. Weitere Versicherungen gibt es unter anderem für die Zähne. Je nach Tarif sichern Sie sich höhere Zuschüsse für Kronen, Brücken, Implantate. Neben den Leistungen für Zahnersatz enthalten manche Verträge auch Zuschüsse zu professioneller Zahnreinigung, Extraleistungen bei bestimmten Zahnbehandlungen oder auch für den Fall, dass Ihr Kind eine Spange benötigt.

Hinzu kommen Kombipakete, die neben Zuschüssen zum Zahnersatz beispielsweise Zuschüsse für eine neue Brille und Heilpraktikerbehandlungen oder eine Reisekrankenversicherung beinhalten.

Was brauche ich wirklich?

Die meisten privaten Zusatzversicherungen sind sinnvoll, stehen aber nicht ganz oben auf der Bedarfsliste (siehe Formular B „Versicherungs-Check“). Schließen Sie nicht der Einfachheit halber ein ganzes Versicherungspaket ab, wenn Sie gar nicht alle Leistungen in Anspruch nehmen werden. Wählen Sie je nach Ihren persönlichen Wünschen lieber Einzelverträge, beispielsweise für besseren Zahnersatz.

Es gibt aber eine Zusatzleistung privater Krankenversicherer, auf die Sie als Kassenpatient keinesfalls verzichten sollten. Das ist der zusätzliche Krankenversicherungsschutz für Reisen ins Ausland. Worauf Sie beim Vertragsabschluss achten sollten, lesen Sie ab S. 71 unter „Mit dem richtigen Schutz verreisen“.

Privatpatient werden

Der Abschluss einer privaten Krankenversicherung ist eine weitreichende Entscheidung, die Sie sorgfältig abwägen sollten. Zwar bekommen Privatpatienten häufig schneller einen Termin beim Facharzt (wie auch eine repräsentative Umfrage zeigt, die wir durchgeführt haben). Doch bietet eine private Krankenversicherung nicht automatisch einen besseren Schutz. Auf dem Markt sind sehr viele Angebote, die weniger als die gesetzlichen Kassen erstatten oder bei denen Sie eine hohe Selbstbeteiligung zahlen müssen. Von 1 245 Tarifkombinationen, die wir im Januar 2025 geprüft haben, erfüllten nur 384 unsere Mindestkriterien: Einen „Rundum-Schutz", der über die Leistungen der gesetzlichen Krankenkassen hinausgeht, und eine Selbstbeteiligung von höchstens 660 Euro pro Jahr. Je nach Leistungsumfang haben wir diese 384 Tarife mit „Gut" und „Sehr gut" bewertet. Zu den Anbietern zählen Allianz, Arag, Axa und HanseMerkur.

Bei Privatpatienten sind Ärzte nicht an Budgets gebunden wie bei den Kassenpatienten. Im Krankenhaus haben die Versicherten Anspruch auf Einbett- oder Zweibettzimmer und können ihren Behandler auswählen, zum Beispiel die Chefärztin. Je nach Tarif gibt es höhere Zuschüsse für Brillen, Kronen und Implantate, Kieferorthopädie, Kinderwunschbehandlungen, Augenlaser-OPs, Behandlungen im Ausland und vieles mehr.

Das alles hat seinen Preis. Zwar sind die teuren Versicherungen nicht unbedingt die besseren, doch eignet sich die private Krankenversicherung nur, wenn Sie im Alter ein gutes Finanzpolster haben. Solange Sie jung und gesund sind, zahlen Sie weniger und bekommen sogar Beiträge zurückerstattet. Doch sogar wenn Sie in jungen Jahren einsteigen (was zu empfehlen ist), so steigen

UNSER RAT

Private Krankenvollversicherung

Bedarf und Leistungen. Die private Krankenversicherung brauchen alle, die sich nicht gesetzlich krankenversichern. Der Versicherer zahlt für die vertraglich vereinbarten Leistungen, etwa im Bereich Ambulante Versorgung, Krankenhaus, Zahnarzt und Krankentagegeld.

Wichtig: Kapitalaufbau. Angestellte und Selbstständige, die im Rentenalter voraussichtlich nicht auf größeres Vermögen oder hohe Einkünfte zurückgreifen können, sollten überlegen, wie sie dann die privaten Krankenversicherungsbeiträge bis zu ihrem Lebensende finanzieren. Denn der Beitrag steigt über die Jahre, und Versicherte müssen ihn weiter in voller Höhe aufbringen, wenn ihre Einkünfte im Ruhestand geringer werden. Es ist daher sinnvoll, von Anfang an monatlich zu sparen. Unsere Faustregel: Wir nehmen an, dass der private Beitrag im Rentenalter mindestens dreimal so hoch ist wie bei Vertragsschluss mit Mitte 30. Zwei Drittel davon sollte man dann aus dem Ersparten finanzieren können. Dies berücksichtigt die Entwicklungen in der Vergangenheit. Eine exakte Vorhersage über mehr als 30 Jahre ist natürlich nicht möglich.

Bei Neuabschluss. Orientieren Sie sich an den Checklisten, die wir im Formularteil für eine private Krankenvollversicherung nennen. Verzichten Sie nicht auf Leistungen, nur um Beiträge zu sparen. Wollen Sie später Leistungen aufstocken, wartet erneut eine Gesundheitsprüfung.

Bei vorhandenem Vertrag. Sind Sie unzufrieden mit Ihrer privaten Krankenversicherung, ist ein Anbieterwechsel meist keine gute Lösung, weil damit für Sie Kosten verbunden sind. Versuchen Sie stattdessen, den Schutz bei Ihrem derzeitigen Versicherer umzubauen, etwa durch einen Tarifwechsel oder Austausch einzelner Tarifbausteine.

AUSFÜLLHINWEIS

→ S. 111

Formular F Checkliste Private Krankenversicherung

Mit dem Abschluss einer privaten Krankenversicherung binden Sie sich im Normalfall fürs Leben – ein Wechsel zu einem anderen Versicherer kommt kaum infrage. Umso wichtiger ist es, dass Sie sich für die Auswahl des passenden Angebots Zeit nehmen.

Für Angestellte und Selbstständige: Nutzen Sie die Checkliste im Formularteil, ehe Sie sich für ein Angebot entscheiden. Haben Sie bereits einen Vertrag, gleichen Sie mithilfe der Liste ab, ob Ihr Schutz entscheidende Schwächen hat. Klären Sie mit dem Versicherer, ob und zu welchen Konditionen Sie sich mehr Leistungen sichern können.

Für Beamte: Wegen der Beihilferegelungen gelten für Beamte Besonderheiten. Wir haben für Sie eine umfangreiche Checkliste zusammengestellt, mit der Sie Ihren bestehenden Vertrag oder ein Angebot prüfen können. Sie finden sie online unter test.de/formulare-versicherungen.

die Beiträge im Zeitverlauf. Wer im Alter keine Rücklagen hat, für den kann die private Krankenkasse zur existenzbedrohenden Kostenfalle werden.

Und noch etwas sollten Sie bedenken: Haben Sie Ihren Vertrag erst einmal abgeschlossen, können Sie den Leistungsumfang nicht mehr ohne weiteres verändern. Wollen Sie aufstocken, müssten Sie in einen teureren Tarif wechseln. Das bedeutet erneute Gesundheitsfragen. Damit könnte Ihr Beitrag weiter steigen. Noch ungünstiger ist es, den Versicherer zu wechseln. Es gibt auch dort Gesundheitsfragen, das höhere Eintrittsalter wird berechnet, und Sie können nur einen Teil Ihrer Altersrückstellungen „mitnehmen".

Zusammenfassend lässt sich sagen: Die private Krankenversicherung kommt für Sie vor allem dann infrage, wenn Sie ein hohes einkommen haben oder verbeamtet sind. Dann haben Sie die Möglichkeit, sich die besten Gesundheitsleistungen vertraglich garantieren zu lassen. Aber langfristig Geld sparen können Angestellte und Selbstständige im Vergleich zur gesetzlichen Krankenkasse damit nicht.

Mindestmaß an Schutz muss sein

Je nach finanziellem Spielraum überlegen Sie vielleicht, dass Sie möglichst wenige Leistungen vereinbaren, um nicht zu viel Beitrag zahlen zu müssen. Lassen Sie es nicht darauf ankommen: Ein Mindestmaß an Schutz sollten Sie sich bei Vertragsabschluss sichern.

Achten Sie zum Beispiel darauf, dass der Versicherer Arzt- und Zahnarzthonorare bis zum Höchstsatz der jeweiligen Gebührenordnungen erstattet, bei Klinikaufenthalten sogar darüber hinaus. Das ist wichtig, denn bei Privatpatienten rechnen die Ärzte ihre Leistungen anders als bei Kassenpatienten ab. Sie stellen ihre Rechnungen direkt dem Patienten und legen dabei die Gebührenordnung für Ärzte (GOÄ) beziehungsweise Zahnärzte (GOZ) zugrunde. Das sind Verzeichnisse, die jedem Arbeitsschritt eine Punktzahl zuordnen.

Mit dem Punktwert multipliziert ergibt diese Zahl den einfachen Gebührensatz. Diesen können die Ärzte jedoch je nach Schwierigkeit der Behandlung ohne Begründung bis zum 2,3-Fachen steigern, mit Begründung noch darüber hinaus. Deshalb sollten Sie unbedingt einen Tarif wählen, der Arzt- und Zahnarzthonorare bis zum Höchstsatz, dem 3,5-Fachen der jeweiligen Gebührenordnung, erstattet.

Egal ob Sie sich von Beginn an für einen sehr leistungsstarken oder weniger guten Tarif entscheiden: Sie müssen damit rechnen, dass die Beiträge für den Versicherungsschutz im Laufe der Jahre deutlich steigen. Anders als bei Kassenpatienten sinken sie auch nicht, wenn Sie im Rentenalter weitaus geringere Einkünfte haben. Legen Sie am besten schon in jungen Jahren Geld zurück, sodass die private Krankenversicherung im Alter nicht zur Kostenfalle wird.

Wechsel ist schwierig

Wollen Sie Ihre Beitragsbelastung reduzieren, ist ein Wechsel zu einem anderen Versicherer meist keine Lösung. Mit dem Wechsel sind in aller Regel höhere Beiträge verbunden, da Sie mit Ihrem höheren Alter einsteigen und die vom bisherigen Versicherer gebildeten Alterungsrückstellungen nur teilweise zum neuen Anbieter übertragen können. Wer zwischenzeitlich erkrankt ist, bekommt bei einem neuen Versicherer möglicherweise gar keinen Vertrag mehr.

Der Wechsel zurück in die gesetzliche Kasse ist nur bis zum Alter von 55 Jahren möglich. Außerdem müssten Sie dann „versicherungspflichtig" werden. Dazu müssten Sie als Angestellter unter die Versicherungspflichtgrenze fallen, also weniger als 77 400 Euro im Jahr verdienen (Stand 2026). Als Selbstständiger müssten Sie Ihre hauptberufliche Selbstständigkeit aufgeben und eine sozialversicherungspflichtige Festanstellung aufnehmen.

Weil das häufig keine Option ist, bleiben die meisten bei ihrem Versicherer, wählen einen günstigeren Tarif (mit weniger Leistungen) oder specken bei einzelnen Leistungen ab und verzichten zum Bespiel auf das Einbettzimmer und die Chefarztbehandlung im Krankenhaus. Die angesparte Altersrückstellung bleibt dabei erhalten.

Als letzte Option bleibt Ihnen bei Ihrem Versicherer noch der sogenannte „Basistarif", der maximal 942,64 Euro im Monat kosten darf (Stand 2025) und sich am Höchstbetrag für die gesetzliche Krankenversicherung orientiert. Die Leistungen entsprechen in etwa denen der gesetzlichen Kassen. Die Zusatzleistungen der gesetzlichen fehlen allerdings meist. Außerdem muss nicht jede Praxis Basistarif-Patienten annehmen. Die Vergütung ist gedeckelt, das kann die Arztsuche erschweren. Außerdem gibt es keine beitragsfreie Familienversicherung.

Haben Sie Ihren Vertrag vor dem 1. Januar 2009 abgeschlossen, können Sie stattdessen in den sogenannten „Standardtarif" wechseln. Von den Leistungen ist der vergleichbar mit dem Basistarif, allerdings sind hier Beiträge in der Regel niedriger.

Viele Versicherer erklären, dass sie Kunden, die ihren Tarif wechseln möchten, innerhalb von 15 Tagen beraten und dabei die Leistungen gegenüberstellen. Allerdings hören wir, dass viele Kunden vergeblich auf klare Auskünfte warten.

Absicherung für den Pflegefall

Wie die Kranken- ist auch die Pflegeversicherung in Deutschland Pflicht. Jeder, der in einer gesetzlichen Krankenkasse versichert ist, hat automatisch Schutz über die gesetzliche Pflegeversicherung. Wer privat krankenversichert ist, zahlt Beiträge für die private Pflegepflichtversicherung.

Die Zahl der Pflegebedürftigen in Deutschland steigt immer weiter an. Nach Angaben des Spitzenverbands der gesetzlichen Krankenversicherungen erhielten im Jahresdurchschnitt 2024 5,64 Millionen Menschen Leistungen aus der sozialen Pflegeversicherung. Die Pflegeversicherung beteiligt sich an den Kosten für die Pflege, sobald der Versicherte in einen von fünf Pflegegraden eingestuft wurde. Ob und wie viel gezahlt wird, richtet sich danach, wie selbstständig jemand sein Leben führen kann und bei welchen Aufgaben er Unterstützung benötigt.

Pflegebedürftige müssen die Leistungen aus der Pflegeversicherung bei der Pflegekasse beantragen. Da diese bei der eigenen Krankenkasse angesiedelt ist, reicht es aus, wenn Sie den Antrag an Ihre Krankenkasse schicken, mit der Bitte, ihn an die Pflegekasse weiterzuleiten. Privatversicherte wenden sich direkt an ihren Versicherer.

Liegt ein Pflegegrad vor, kann ein Anspruch auf verschiedene Leistungen bestehen, zum Beispiel auf ein Pflegegeld, wenn die Angehörigen oder andere ehrenamtliche Unterstützer die Pflege übernehmen. Alternativ besteht die Möglichkeit, Pflegesachleistungen zu beantragen, wenn ein professioneller Pflegedienst ins Haus kommt. Der Dienstleister rechnet dann häufig direkt mit der Pflegekasse ab.

Die Höhe der Leistungen richtet sich danach, welchen Pflegegrad die Betroffenen zugesprochen bekommen. Hat der Pflegebedürftige zum Beispiel Grad 2 und wird er zu Hause von einem ambulanten Pflegedienst versorgt, hat er Anspruch auf 796 Euro Pflegesachleistungen im Monat, in Pflegegrad 5 sind es 2299 Euro (Stand 2025).

Beide Leistungen – Pflegegeld und Pflegesachleistungen – lassen sich auch miteinander kombinieren. Wenn etwa der Pflegedienst nur einmal pro Woche zu einer Patientin kommt und damit die Ausgaben für die Pflegesachleistungen nicht ausgeschöpft wurden, kann der pflegende Partner zusätzlich anteilig Pflegegeld bekommen.

Weitere Unterstützung gibt es in Form von Pflegehilfsmitteln, deren Kosten übernommen werden. Wer die Pflege eines Angehörigen übernimmt, hat Anspruch darauf, kostenlos einen Pflegekurs zu besuchen. Die Pflegekasse muss zudem unter bestimmten Voraussetzungen Rentenbeiträge für die pflegenden Angehörigen übernehmen, die wiederum Anspruch darauf haben, sich für einen gewissen Zeitraum von der Arbeit freistellen zu lassen.

Pflegetagegeldversicherung: Die Lücke schließen

Leistungen aus der Pflegeversicherung gibt es nicht einfach so: Die Pflegekasse überprüft ganz genau, ob und wie viel Unterstützung sie gewährt. Gesetzlich Versicherte werden von einem Gutachter des Medizinischen Dienstes der Krankenkassen begutachtet. Für Privatversicherte ist es die Firma Medicproof, die einen Gutachter entsendet.

Wenn der Antrag auf Pflegeleistungen erst einmal gestellt ist, müsste es eigentlich schnell gehen: Über den Antrag muss innerhalb von 25 Arbeitstagen entschieden werden, sodass der Gutachterbesuch bald anstehen sollte.

Doch selbst wenn die Pflegeversicherung einen Pflegegrad zuweist und Leistungen bewilligt, ist damit zu rechnen, dass das Geld nicht reicht, um alle mit der Pflege verbundenen Ausgaben zu decken. Ob Unterbringung in einem Heim oder Versorgung in den eigenen Wänden: Viele Familien müssen sich überlegen, woher das Geld kommen soll, wenn zum Beispiel jeden Monat 2000 oder mehr als 3000 Euro (für einen Heimplatz) zusätzlich benötigt werden, um alle Ausgaben rund um die Pflege zu decken.

Eine Möglichkeit ist, auf eigene Faust Geld für das Risiko Pflegefall anzusparen. Eine Alternative kann sein, sich mit einer privaten Pflegezusatzversicherung für den Ernstfall zu wappnen. Erste Wahl bei den privaten Zusatzversicherungen ist die Pflegetagegeldversicherung. Hier erhalten Sie vom privaten Versicherer je nach Pflegegrad eine vertraglich vereinbarte Summe. Der Vorteil dieser Versicherung: Das Geld steht zur freien Verfügung – Sie können es für pflegende Angehörige oder eine Haushaltshilfe, einen ambulanten Pflegedienst oder einen Heimplatz ausgeben.

Wichtig: Je später Sie sich für diesen Schutz entscheiden, desto höher ist der Beitrag, den Sie zahlen. Haben Sie bereits Vorerkrankungen, erhöht sich der Beitrag. Oder die Erkrankungen sorgen dafür, dass Sie gar nicht erst einen Vertrag bekommen.

Schließen Sie die Versicherung aber nur ab, wenn Sie absehen können, dass Sie im Ruhestand ein sicheres Einkommen haben und die Beiträge auf Dauer zahlen können. Denn wenn Sie die stark steigenden Beiträge nicht mehr aufbringen können und kündigen müssen, verlieren Sie das eingezahlte Geld und Ihren Versicherungsschutz. Planen Sie zudem ein, dass die Beiträge oft auch dann bis zum Lebensende zu zahlen sind, wenn Sie pflegebedürftig werden.

Der Blick ins Kleingedruckte

Die einzelnen Testergebnisse finden Sie auf test.de, Suchbegriff „Pflegetagegeld". Bevor Sie sich für ein Angebot entscheiden, werfen Sie einen Blick in die Bedingungen. Wichtig ist zum Beispiel, dass der Versicherer bereits bei niedrigen Pflegegraden einspringt. Die Wahrscheinlichkeit, dass Ihnen Pflegegrad 1 bis 3 zugewiesen wird, ist deutlich größer als Pflegegrad 4 oder 5. Deshalb ist es sinnvoll, wenn der Tarif gerade auch bei den niedrigen Pflegegraden die nötige Unterstützung bietet.

Achten Sie auf weitere Details, etwa beim Thema Wartezeit: Laut Gesetz dürfen Versicherer regeln, dass Kunden bis zu drei Jahre nach Vertragsabschluss noch keinen Anspruch auf Leistungen haben. Fast alle Unternehmen verzichten auf die Wartezeit.

Gut informiert die Pflege organisieren

Welche Leistungen stehen uns zu, was beantragen wir wo? Wie organisieren wir das neue Leben mit einem Pflegebedürftigen? Um Fragen wie diese zu klären, empfiehlt sich ein Besuch in einer neutralen Beratungsstelle. Je nach Kommune finden Sie Ansprechpartner zum Beispiel in den Pflegestützpunkten vor Ort oder in anderen Beratungsstellen der Stadt. Informieren Sie sich am besten direkt bei Ihrer Kommune, wo eine kostenlose, neutrale Pflegeberatung möglich ist. Hilfe bei den ersten Schritten zum Umgang mit Pflegebedürftigkeit bietet das „Pflege-Set", das Sie unter test.de/shop bestellen oder im Buchhandel erwerben können.

Verlust der Arbeitskraft absichern

Wenn Krankheit oder Unfall Ihre Arbeitskraft nimmt, bricht das Einkommen weg. Beste Absicherung ist eine private Berufsunfähigkeitsversicherung. Wo die nicht passt, helfen Erwerbsunfähigkeits- oder Grundfähigkeitsversicherung und Krankentagegeld.

Eine heftige Erkältung im Winter wird Sie höchstens ein paar Tage im Job außer Gefecht setzen. Auch nach einer Blinddarm-OP samt kurzem Krankenhausaufenthalt können Sie im Normalfall in absehbarer Zeit wieder an den Schreibtisch zurückkehren – kein Problem für die berufliche Zukunft.

Doch was, wenn es jemanden so heftig erwischt, dass an eine berufliche Zukunft nicht mehr oder zumindest vorerst nicht zu denken ist? Sei es ein Bandscheibenvorfall, der den Gärtner an seiner körperlichen Arbeit hindert, oder eine psychische Erkrankung, die die Büro-Angestellte so stark beeinträchtigt, dass sie den täglichen Weg in die Firma nicht mehr schafft: Es gibt viele gesundheitliche Gründe, die Berufstätige daran hindern, eigenes Geld zu verdienen.

Für so einen Ernstfall gibt es zwar vonseiten der gesetzlichen Rentenversicherung einen gewissen Schutz, doch es ist unbedingt sinnvoll, dass Sie mit einer privaten Berufsunfähigkeitsversicherung zusätzlich vorsorgen. Der private Versicherer zahlt eine Rente, wenn eine Berufstätigkeit für einen längeren Zeitraum nicht mehr zu mindestens 50 Prozent möglich ist.

Gesetzlicher Schutz hat Lücken

Finanziell kann so ein Ausfall zu einer enormen Belastung werden. Das gilt umso mehr, wenn nicht nur der Betroffene auf den Verdienst angewiesen ist, sondern Angehörige zu versorgen sind. Sind Sie nicht mehr in der Lage, mit Ihrer Arbeitskraft Geld zu verdienen, kann es sein, dass Sie Geld aus der gesetzlichen Rentenversicherung bekommen, in Form der sogenannten Erwerbsminderungsrente. Doch diesen Rentenanspruch hat nicht jeder. Und wer ihn hat, wird vermutlich eine Rente bekommen, die bei weitem nicht ausreicht, um davon den bisherigen Lebensstandard zu decken. Das zeigen die Statistikdaten der gesetzlichen Rentenversicherung. Demnach betrugen die Erwerbsminderungsrenten Ende 2022 nach Abzug der Beiträge zur gesetzlichen Kranken- und Pflegeversicherung im Schnitt rund 950 Euro im Monat.

Im Einzelnen gilt für den gesetzlichen Rentenanspruch: Wenn aus gesundheitlichen Gründen eine weitere Berufstätigkeit nicht mehr oder nur noch in geringem Maß möglich ist, können Sie unter bestimmten Voraussetzungen eine Rente wegen voller oder teilweiser Erwerbsminderung bekommen. Für ältere Versicherte ist außerdem eine Rente aus Anlass von Berufsunfähigkeit möglich. Auf welche Renten Sie unter welchen Voraussetzungen Anspruch haben, hängt auch davon ab, wann Sie geboren wurden. Das liegt an einer Gesetzesänderung, die 2001 in Kraft getreten ist.

➔ **Geburt bis zum 1. Januar 1961.** Wenn Sie bis dahin geboren wurden und nicht mehr in der Lage sind, in Ihrem Hauptberuf oder in einem zumutbaren vergleichbaren Beruf zu arbeiten, haben Sie einen Anspruch auf eine gesetzliche Berufsunfähigkeitsrente. Es spielt keine Rolle, ob Sie zum

Beispiel als Maurer noch Büroarbeiten übernehmen könnten. Es reicht, wenn die Fähigkeiten für den erlernten oder einen mehr als zehn Jahre ausgeübten Beruf eingeschränkt sind.

➔ **Geburt nach dem 1. Januar 1961.** Für Sie sind die Regeln seit der Gesetzesreform 2001 strenger. Denn Sie haben keinen Anspruch auf eine gesetzliche Rente wegen Berufsunfähigkeit, sondern nur noch auf eine Rente wegen Erwerbsminderung. Das bedeutet zum Beispiel, dass ein Maurer, der nicht mehr stark körperlich arbeiten kann, vielleicht noch als Pförtner oder Büroangestellter arbeiten könnte. Erst wenn ihn auch solche Alternativen gesundheitlich überfordern, ist der Anspruch auf eine Erwerbsminderungsrente möglich.

Aber auch dafür gelten strenge Vorgaben: Eine Rente wegen voller Erwerbsminderung bekommen Sie erst, wenn Sie gesundheitlich nicht mehr in der Lage sind, mindestens drei Stunden pro Tag in irgendeiner Form erwerbstätig zu sein. Eine Rente wegen teilweiser Erwerbsminderung ist möglich, wenn Sie zwar mehr als drei, aber keine sechs Stunden arbeiten können.

Ihre Rente ist dann allerdings nur halb so hoch wie bei voller Erwerbsminderung und wird allein kaum zum Leben reichen. Etwas besser stehen Sie bei der Rente da, wenn Sie keine Stelle im Umfang von drei bis sechs Stunden finden. Dann können Sie zumindest befristet doch die volle Rente erhalten.

Nicht jeder erfüllt die Bedingungen

Eine weitere Vorgabe sorgt dafür, dass vor allem Berufseinsteiger Schwierigkeiten haben, eine gesetzliche Rente zu bekommen. Voraussetzung für den Rentenbezug ist nämlich, dass der Versicherte im Regelfall in den fünf Jahren vor Eintritt der Erwerbsminderung mindestens drei Jahre Pflichtbeiträge an die gesetzliche Rentenversicherung geleistet haben muss. Wer zum Beispiel nach dem Studium gerade erst in den Job einsteigt, kann das nicht erfüllen. Nur unter bestimmten Bedingungen gibt es die Möglichkeit einer vorzeitigen Wartezeiterfüllung, zum Beispiel nach einem Arbeitsunfall.

Auch für viele Selbstständige kann diese Vorgabe mit der Zeit zum Problem werden. In vielen Berufen müssen Selbstständige keine Pflichtbeiträge an die Rentenkasse zahlen, und wer keine Pflichtbeiträge überweist, verliert im Laufe der Jahre den Anspruch auf eine Erwerbsminderungsrente.

Genau informieren

Nutzen Sie das kostenlose Beratungsangebot der gesetzlichen Rentenversicherung und klären Sie dort zum Beispiel, ob Sie Anspruch auf eine Erwerbsminderungsrente haben und wie hoch diese ausfallen würde. Beratungstermine vereinbaren Sie kostenlos über die telefonische Hotline 0800 1000 4800 (8 bis 19 Uhr, freitags bis 15:30 Uhr).

Das bieten private Versicherungen

Die Schwierigkeit, überhaupt eine gesetzliche Rente zu bekommen, und die im Schnitt niedrige Rentenhöhe sprechen dafür, sich zusätzlich für den Verlust der Arbeitsfähigkeit privat abzusichern. Die beste Lösung, um für diesen Ernstfall gewappnet zu sein, ist eine private Berufsunfähigkeitsversicherung.

Entweder schließen Sie diese Versicherung als Einzelvertrag ab, oder Sie entscheiden sich dafür, den Berufsunfähigkeitsschutz mit einer anderen Versicherung zu

UNSER RAT

Berufsunfähigkeitsversicherung

Bedarf und Leistungen. Die Berufsunfähigkeitsversicherung gehört zu den wichtigsten Policen. Der Versicherer zahlt in guten Bedingungen die vertraglich vereinbarte Rente, wenn Sie nicht länger in der Lage sind, zu 50 Prozent Ihrer beruflichen Tätigkeit nachzugehen.

Die Besten im Test. Im März 2024 haben wir 67 Angebote für Berufsunfähigkeitsversicherungen geprüft. 38 Tarife schnitten sehr gut ab, darunter Angebote von Allianz, Axa, Baloise, Barmenia, Bayern Versicherung, Cosmos, Europa, Gothaer, Hannoversche, HDI, Huk24, Huk-Coburg, LV1871, R+V, VPV sowie VRK. Die Höhe der Beiträge ist abhängig vom Tarif, der vereinbarten Rentenhöhe, der Laufzeit, Ihrem Alter und Ihrem Beruf. Die Preisunterschiede sind gewaltig: Ein 30-jähriger Controller, der eine Rente von 2 000 Euro bis zum Renteneintritt mit 67 Jahren absichern will, zahlt zwischen 643 und 3 071 Euro pro Jahr. Preisvergleiche lohnen sich.

Bei Neuabschluss. Die Tarifbedingungen der Berufsunfähigkeitsversicherung sind sehr komplex. Nehmen Sie sich die Zeit, mehrere Angebote mithilfe unserer Checkliste G zu überprüfen.

Bei vorhandenem Vertrag. Behalten Sie die Höhe Ihrer Rente im Blick und passen Sie sie an, sollten sich Ihre Lebensumstände ändern, etwa nach der Geburt eines Kindes. Falls Sie feststellen, dass Sie einen Vertrag mit schlechten Bedingungen haben, können Sie sich um eine Zusatzpolice oder ein anderes Angebot kümmern. Beachten Sie aber: Sie sind mittlerweile älter als beim ersten Vertragsabschluss, haben nun vielleicht Vorerkrankungen, sodass die Absicherung teurer werden kann oder ein neuer Vertrag nicht möglich ist. Kündigen Sie den bestehenden Schutz erst, wenn Sie den neuen Vertrag in der Tasche haben, sodass keine Lücke entsteht.

kombinieren, etwa einer Risikolebensversicherung (siehe „Die Familie absichern", S. 50). Der Schutz gegen Berufsunfähigkeit gehört allerdings zu den teureren Versicherungen. Je nach vereinbarter Rente, Laufzeit des Vertrags, Beruf des Versicherten und ausgewähltem Tarif können Jahresbeiträge von mehreren Hundert Euro fällig werden.

Trotzdem ist diese Investition zu empfehlen. Je jünger und gesünder Sie bei Abschluss des Vertrags sind, desto besser. Dann steigen Ihre Chancen, einen finanziell attraktiven und leistungsstarken Schutz zu erhalten. Je älter Sie bei Vertragsabschluss sind, desto teurer wird die Versicherung. Auch wenn Sie Vorerkrankungen haben, kann das den Beitrag in die Höhe treiben. Von den Vorerkrankungen erfährt der Versicherer im Zuge der Gesundheitsprüfung.

Gesundheitsprüfung heißt: Um zu ermitteln, wie hoch sein Risiko ist, tatsächlich die vereinbarte Rente zahlen zu müssen, stellt der Versicherer vor Vertragsabschluss Fragen zu Ihrem Gesundheitszustand und zu bisherigen Erkrankungen. Meist betreffen die Fragen den Zeitraum der letzten fünf Jahre. Hatten Sie in dieser Zeit beispielsweise Allergien, Knie- oder Rückenbeschwerden, kann es passieren, dass der Versicherer damit verbundene Risiken vertraglich ganz vom Schutz ausschließt oder dass Sie deshalb einen höheren Beitrag zahlen müssen. Hatten Sie schon einmal eine Psychotherapie oder eine Krebserkrankung, wird das häufig sogar dazu führen, dass Sie gar keinen Vertrag abschließen können.

Ihr gesundheitlicher Zustand kann somit eventuell dem Vertragsabschluss im Weg stehen, genauso wie der Preis. Will sich beispielsweise ein 30-jähriger Controller für den Ernstfall eine Monatsrente von 2 000 Euro und eine Vertragslaufzeit bis zum Alter von 67 Jahren sichern, kann er mit Versicherungsbeiträgen ab 643 Euro im Jahr sehr guten Schutz bekommen. Das haben wir im Frühjahr 2024 ermittelt. Für Beschäftigte in anderen Berufen, bei denen das Risiko einer schweren Erkrankung höher ist, sind die Beiträge deutlich höher.

Es kann gut sein, dass diese Ausgaben Ihre finanziellen Möglichkeiten übersteigen, vor allem wenn Sie in Ihrem Beruf noch am Anfang stehen. Um Beiträge zu sparen, kann es sinnvoll sein, erst einmal eine niedrige Rente zu vereinbaren, die Sie später, wenn Sie mehr verdienen, erhöhen. Bevor Sie den Vertrag abschließen, sollten Sie jedoch unbedingt darauf achten, welche Optionen der Tarif für eine „Nachversicherung" bietet. Unter welchen Voraussetzungen können Sie die Rentenhöhe anheben? In einigen Verträgen ist das in den ersten Jahren ohne jeden Anlass möglich, in vielen Angeboten haben Sie zum Beispiel nach Hochzeit, Geburt oder Hauskauf die Chance, ohne eine erneute Gesundheitsprüfung eine höhere Rente zu vereinbaren. Allerdings heißt höhere Rente auch höhere Beiträge.

AUSFÜLLHINWEIS

→ S. 119

Formular G Checkliste Berufsunfähigkeitsversicherung

Wie ist ein Angebot für eine Berufsunfähigkeitsversicherung zu bewerten – leistungsstark oder nicht? Im Formularteil haben wir eine ausführliche Checkliste zusammengestellt, anhand derer Sie allein oder zusammen mit dem Versicherungsvermittler ein Angebot auf die Qualität überprüfen können. Je häufiger Sie in der Checkliste „ja" ankreuzen, desto besser ist das Angebot, was Kulanz und Flexibilität angeht. Bevor Sie den Vertrag unterschreiben, lassen Sie sich die Angaben aus der Checkliste vom Versicherer am besten schriftlich bestätigen.

Haben Sie bereits eine Versicherung, können Sie anhand der Checkliste den bestehenden Vertrag überprüfen. Gleichen Sie die Formulierungen mit der Checkliste ab: Müssen Sie dort sehr häufig „nein" ankreuzen, kann es eine Alternative sein, nach einem neuen Angebot zu suchen. Aber Achtung: Das mittlerweile höhere Alter führt in der Regel zu höheren Beiträgen. Vorsicht auch bei verschlechtertem Gesundheitszustand.

Die erforderliche Rentenhöhe ermitteln

Bevor Sie einen Vertrag unterschreiben, prüfen Sie zunächst Ihren Anspruch auf eine Erwerbsminderungsrente aus der gesetzlichen Rentenversicherung. Nutzen Sie dafür die aktuellste Renteninformation,die Ihnen die Deutsche Rentenversicherung jährlich zuschickt. Klären Sie außerdem, ob Sie im Fall von Invalidität Ansprüche aus betrieblicher Vorsorge haben. Dem stellen Sie den Betrag gegenüber, mit dem Sie Ihren Lebensunterhalt bestreiten können. Kalkulieren Sie da nicht zu knapp, rechnen Sie einen Puffer hinzu. So wissen Sie, wie groß die Lücke ist, die Sie mit der privaten Berufsunfähigkeitsversicherung schließen müssen.

Das Kleingedruckte im Blick

Gerade weil der Schutz vergleichsweise teuer ist, empfiehlt es sich umso mehr, dass Sie sich Zeit nehmen, um sich ein passendes Angebot zu sichern: Prüfen Sie die Ver die Vertragsbedingungen und vergleichen Sie mehrere Angebote.

Schließen Sie unbedingt einen Vertrag, in dem auf die „abstrakte Verweisung" verzichtet wird. Sonst könnte der Versicherer die Rentenzahlung mit dem Argument verweigern, dass Sie ja gar nicht „berufsunfähig" sind, weil Sie noch einen anderen Beruf ausüben könnten, zum Beispiel Pförtner oder Kassierer. Vielmehr sollten Sie das Risiko absichern, dass Sie in Ihrem zuletzt ausgeübten Beruf nicht mehr arbeiten können.

Außerdem sollten Sie eine „Nachversicherungsgarantie" vereinbaren. Damit wird es möglich, die vereinbarte Rente ohne erneute Gesundheitsprüfung zu erhöhen. Zwar steigen dann auch Ihre Beiträge, doch brauchen Sie diese Vereinbarung, wenn sich Ihr Lebensstandard erhöht, Sie eine Familie gründen, die Inflation anzieht und Sie infolgedessen bei Berufsunfähigkeit eine höhere Rente benötigen.

Schauen Sie auch auf vermeintliche Kleinigkeiten. Zum Beispiel: Zahlt der Versicherer schon, wenn der Arzt eine Berufsunfähigkeit von voraussichtlich sechs Monaten prognostiziert? Oder steht in den Bedingungen, dass er bei einer „voraussichtlich dauernden" Berufsunfähigkeit zahlt? Das bedeutet nämlich, er zahlt erst, wenn die Berufsunfähigkeit für drei Jahre absehbar ist. Der Unterschied kann gravierende Auswirkungen haben. Und was steht etwa in den Vertragsbedingungen zum Geltungsbereich: Gibt es etwa zeitliche Einschränkungen, wenn es um längere Auslandsaufenthalte geht? Schon kleine Unterschiede in den Klauseln können im Ernstfall die Chance auf eine Rente erschweren.

Alternativen zur Berufsunfähigkeitsversicherung

Vielleicht stellen Sie fest, dass die Berufsunfähigkeitsversicherung Sie finanziell überfordert. Oder Sie bekommen den Schutz aufgrund von Vorerkrankungen nicht. Dann sollten Sie sich nach Alternativen umsehen, um sich vor den finanziellen Folgen des Verlusts der eigenen Arbeitskraft zu schützen. Allerdings haben diese Alternativen ihre Nachteile, Lücken und Schwächen, die Sie sich vor Vertragsabschluss bewusst machen sollten. Anders gesagt: Erste Wahl bleibt die Berufsunfähigkeitsversicherung.

Erwerbsunfähigkeitsversicherung

Sie zahlt je nach Tarif eine monatliche Rente, wenn der Versicherte fast gar nicht mehr oder lediglich bis zu maximal drei Stunden am Tag in der Lage ist, einer Erwerbstätigkeit nachzugehen. Der Versicherte hat Invaliditätsschutz – ganz gleich, ob er etwa durch Unfall oder Krankheit seine Arbeitsfähigkeit verliert. Auch psychische Erkrankungen wie eine Depression und Nervenerkrankungen sind meist versichert.

Gerade für Personen in risikoreichen Berufen, beispielsweise Gerüstbauer, Dachdecker oder Kranken- und Altenpfleger, ist dieser Schutz meist günstiger als der einer Berufsunfähigkeitsversicherung.

Bei Vorerkrankungen haben Sie allerdings auch hier schlechte Karten, denn die Gesundheitsprüfung vor Vertragsschluss ist meist vergleichbar mit der Berufsunfähigkeitsversicherung. Vorerkrankungen können zur Ablehnung führen.

Dread-Disease-Versicherung

Sie zahlt eine vertraglich vereinbarte Summe aus, wenn eine im Vertrag genannte schwere Erkrankung („dread disease") diagnostiziert wurde – oft aber erst nach einer Wartezeit von mehreren Monaten. Versichert sind zum Beispiel Herzinfarkt, Schlaganfall, Multiple Sklerose, Querschnittslähmung und Krebs. Außerdem zahlt die Versicherung bei Verlust von Fähigkeiten wie Sehen oder Hören, nach schweren Unfällen oder dem Verlust der Fähigkeit zur selbstständigen Lebensführung. Ob der Versicherte noch weiter arbeiten kann, ist hier nicht relevant.

Damit der Versicherer zahlt, muss allerdings exakt die versicherte Krankheit diagnostiziert worden sein. Erkrankt der Versicherte beispielsweise statt am versicherten

Herzinfarkt an einer Herzmuskelschwäche, geht er leer aus. Zudem muss die Erkrankung meist dauerhaft und nicht heilbar sein.

Grundfähigkeitsversicherung

Aus diesem Vertrag erhalten Versicherte eine monatliche Rente, wenn sie aufgrund von Krankheit, Verletzung oder Kräfteverfall für mindestens sechs oder zwölf Monate eine oder mehrere Grundfähigkeiten wie Sprechen, Hören, Sehen, Treppensteigen, Autofahren oder den Gebrauch von Armen und Händen verlieren.

Der Versicherer zahlt häufig auch ab einem bestimmten Pflegegrad oder bei Verlust geistiger Leistungsfähigkeit, zum Beispiel des Orientierungsvermögens, oder der Fähigkeit zur selbstständigen Lebensführung. Bei psychischen Erkrankungen sind meist nur die schweren Fälle wie schwere Depression, Schizophrenie oder Psychose (nach fachärztlicher Diagnose) versichert.

Der Versicherer zahlt nur bei Verlust der im Vertrag definierten Fähigkeit. In der Regel verlangt er, dass der Versicherte diese Fähigkeit voraussichtlich für sechs Monate oder ein Jahr vollständig eingebüßt hat. Ein weiterer Haken: Je nach Versicherer können die Formulierungen „Hände gebrauchen", „Verlust selbstständiger Lebensführung" oder „geistige Leistungsfähigkeit" etwas Unterschiedliches bedeuten. Wenn ein Versicherer ein Kriterium sehr verbraucherfreundlich formuliert, kann ein anderes deutlich schlechter formuliert sein.

Funktionsinvaliditätsversicherung

Sie zahlt bei dauerhaften Unfallschäden, Verlust von Grundfähigkeiten wie Sehen, Gehen, Sprechen, bei schweren Erkrankungen und oft auch bei Pflegebedürftigkeit eine Rente. Angebote gibt es von Unfall- und von Lebensversicherern.

Die Versicherer zahlen etwa, wenn eine irreversible, erhebliche und dauerhafte Beeinträchtigung vorliegt. Als dauerhaft gilt eine Schädigung in der Regel, wenn sie voraussichtlich mindestens drei Jahre anhält.

Die Angebote der Lebensversicherer unterscheiden sich davon: Hier ist es möglich, bereits nach Ablauf einer Karenzzeit von vier Wochen Geld aus der Versicherung zu bekommen, wenn bestimmte Fähigkeiten aufgrund von Krankheit, Verletzung oder Kräfteverfall für mindestens sechs oder zwölf Monate in einem definierten Ausmaß beeinträchtigt sind (beispielsweise Sprechen, Hören, Sehen, Treppensteigen, Gebrauch von Armen und Händen, Autofahren). Bei bestimmten Krankheiten ist zusätzlich eine Einmalzahlung meist in Höhe einer Jahresrente möglich. Die Angebote sind schwer vergleichbar. Als die Stiftung Warentest sich vor einigen Jahren die Angebote für diese Versicherung angesehen hat, waren bei allen Versicherern die Anforderungen für eine Rente sehr hoch.

Unfallversicherung

Sie zahlt für bleibende Schäden nach einem Unfall. Je nach Ausmaß der körperlichen Beeinträchtigung erhält der Versicherte einen prozentualen Anteil der vertraglich vereinbarten Versicherungssumme.

Eine umfassende Absicherung für den Fall des Verlusts der Arbeitsfähigkeit bietet sie nicht, denn sie zahlt – wie der Name schon sagt – für die Folgen von Unfällen und in aller Regel nicht, wenn eine Invalidität durch Krankheit hervorgerufen wird. Dennoch kann auch der Abschluss einer Unfallversicherung für den Alltag sinnvoll sein (siehe „Schutz gegen die Folgen eines Unfalls", S. 46).

Schutz gegen die Folgen eines Unfalls

Plötzlich ist alles anders. Ein Unfall kann das Leben dauerhaft verändern. Finanziell lässt sich das Risiko abfedern. Umfassenden Schutz bietet die private Unfallversicherung.

Das Risiko, pflegebedürftig zu werden, trifft überwiegend die Älteren. Doch auch jungen Menschen kann es passieren, dass sie plötzlich auf Unterstützung angewiesen sind – zum Beispiel, wenn ein Unfall dauerhafte körperliche Beeinträchtigungen verursacht. Ob im Straßenverkehr, im Haushalt oder in der sportlichen Freizeit: Es gibt viele Situationen, in denen eine kurze Unachtsamkeit – die eigene oder die eines anderen – das Leben auf den Kopf stellen kann, zum Beispiel, wenn danach das Knie nur noch eingeschränkt funktionsfähig ist oder sogar eine Querschnittlähmung vorliegt.

Vor den finanziellen Folgen eines Unfalls können Sie sich mit einer privaten Unfallversicherung schützen. Am besten wählen Sie eine, die rund um die Uhr Schutz bietet und nicht nur in speziellen Lebenssituationen, etwa auf Reisen. Mit dem Rundum-Angebot haben Sie Anspruch auf Leistungen aus dieser Versicherung, ganz egal, ob Ihnen beim Fahrradausflug mit der Familie in den Nachbarort, im Spanien-Urlaub oder auf dem Weg zur Arbeit etwas zustößt und ob Sie selbst den Unfall verschuldet haben oder jemand anders.

Gesetzlicher Schutz mit Lücken

Es gibt zwar auch eine gesetzliche Unfallversicherung über die Berufsgenossenschaften, doch deren Schutz ist begrenzt. Die kommen nämlich nur dann für die Folgen eines Unfalls auf (Rehabilitation, Verletztengeld, Rente), wenn Ihnen bei der Arbeit oder auf dem direkten Weg dorthin etwas zustößt – Umwege sind nicht versichert. Ausnahme: Sie bringen Ihr Kind zur Kita oder holen es ab. Was Sie in Ihrer Freizeit unternehmen, fällt ebenfalls nicht unter den Schutz der gesetzlichen Unfallversicherung. Wenn Sie ehrenamtlich tätig sind, greift dieer Schutz allerdings meist schon, da Sie durch die Institution, in der Sie sich engagieren, abgesichert sind.

Ähnlich ist es bei Kindern: Auf dem Weg zu Schule oder Kindergarten und während der Zeit dort vor Ort sind sie über die gesetzliche Unfallversicherung geschützt, im heimischen Garten oder beim Spielplatzbesuch am Nachmittag hingegen nicht.

Um diese Lücken zu schließen, sind private Versicherungen sinnvoll. Sehr gute beginnen bei etwa 170 Euro pro Jahr, gute sind vereinzelt noch günstiger. In höheren Gefahrengruppen oder bei höheren Summen steigt der Beitrag deutlich und kann mehr als das Vierfache betragen.

Ganz oben auf der Bedarfsliste steht die Unfallversicherung jedoch nicht. Um sich etwa vor den finanziellen Folgen des Verlustes der Arbeitskraft zu schützen, ist die Berufsunfähigkeitsversicherung besser geeignet (siehe „Verlust der Arbeitskraft“, S. 40).

Von einem Moment auf den anderen

Der private Unfallversicherer zahlt eine vorab vereinbarte Summe aus, wenn es infolge eines plötzlich von außen auf den Körper wirkenden Ereignisses unfreiwillig zu einer dauerhaften körperlichen Beeinträchtigung kommt. Dauerhaft heißt in der Regel „für mindestens drei Jahre". Liegt so ein folgenschweres Ereignis vor, zahlt der Versicherer eine größere Summe, die etwa helfen kann, das Zuhause behindertengerecht umzubauen oder eine Haushaltshilfe zu bezahlen.

Achten Sie vor allem darauf, dass Sie die Versicherungssumme hoch genug wählen. Die Versicherer sollten bei Vollinvalidität mindestens 750 000 Euro auszahlen, bei einer Invalidität von 50 Prozent mindestens 150 000 Euro und bei 25 prozentiger Invalidität mindestens 37 500 Euro. Das bieten längst nicht alle Tarife: Wenn Sie etwa eine Zusatzversicherung über den Verkehrsclub oder über Ihre neue Kreditkarte mit abschließen, liegen die Versicherungssummen oft nur bei einigen Zehntausend Euro, wenn der Versicherte voll invalide wird. Diese Summen sind im Ernstfall viel zu niedrig.

UNSER RAT

Private Unfallversicherung

Bedarf und Leistungen. Der Abschluss einer Unfallversicherung ist sinnvoll, um sich vor Unfällen insbesondere in der Freizeit zu schützen. Hier springt die gesetzliche Unfallversicherung nicht ein. Der Versicherer zahlt eine vertraglich vereinbarte Summe aus, wenn Sie infolge eines Unfalls invalide werden, also auf Dauer körperlich beeinträchtigt sind.

Die Besten im Test. Wir haben im Sommer 2021 zuletzt Tarife für private Unfallversicherungen untersucht. Die Bestnote 1,0 bekamen Huk-Coburg Classic Plus, Interrisk XXL, VRK Classic Plus. Die Tarife von damals sind nicht mehr aktuell. Die Leistungen dürften sich nicht verändert haben. Von den 112 Tarifen im Test schnitten 13 mit der Note Sehr gut ab.

Bei Neuabschluss. Wählen Sie eine ausreichend hohe Versicherungssumme. Vergleichen Sie die Leistungen – schon kleine Unterschiede, etwa bei der Gliedertaxe, können im Ernstfall eine Menge Geld wert sein.

Bei vorhandenem Vertrag. Ist der Schutz wirklich gut? Nutzen Sie unsere Checkliste im Formularteil, um das zu prüfen, und schauen Sie sich bei den aktuelleren, neueren Tarifen um. Es ist nicht unwahrscheinlich, dass Sie besseren Schutz bekommen können.

Gliedertaxe: Jeder Körperteil hat seinen Wert

Doch wie wird überhaupt der Grad der körperlichen Beeinträchtigung ermittelt? Dafür nutzen die Unfallversicherer die sogenannte Gliedertaxe: Demnach hat jedes Körperteil einen Wert. Wenn etwa das Bein nach einem Unfall bis unterhalb des Knies nicht mehr funktionsfähig ist, liegt ein Invaliditätsgrad von 50 vor. Im Fall der Querschnittlähmung ist es der Grad 100. Vom Grad der Invalidität hängt die Höhe der Summe ab, die im Versicherungsfall ausgezahlt wird. Kommen mehrere Beeinträchtigungen zusammen, werden die jeweiligen Werte addiert.

Der Gesamtverband der Deutschen Versicherungswirtschaft (GDV) hat in seinen Musterbedingungen (AUB) eine Gliedertaxe vorgestellt. Sie finden sie auf der Internetseite des Verbands unter gdv.de, Suchbegriff „Unfallversicherung". Demnach gelten bei Verlust der vollständigen Funktionsfähigkeit der folgenden Körperteile oder Sinnesorgane diese Invaliditätsgrade:

- ➜ Arm: 70 Prozent
- ➜ Arm bis oberhalb des Ellenbogengelenks: 65 Prozent
- ➜ Arm unterhalb des Ellenbogengelenks: 60 Prozent
- ➜ Hand: 55 Prozent
- ➜ Daumen: 20 Prozent

AUSFÜLLHINWEIS

→ S. 127

Formular H Checkliste Unfallversicherung

Private Unfallversicherungen unterscheiden sich zum Teil deutlich in der Qualität ihrer Bedingungen. Umso mehr lohnt sich ein genauer Blick ins Kleingedruckte: Welche Gliedertaxe setzt der Versicherer an? Wie bewertet er Vorerkrankungen, und wie geht er damit um, wenn Sie etwa infolge eines Schlaganfalls oder epileptischen Anfalls stürzen? Die Checkliste im Formularteil hilft, Ihre bisherige Unfallversicherung oder ein Angebot für einen neuen Vertrag zu prüfen.

- Zeigefinger: 10 Prozent
- anderer Finger: 5 Prozent
- Bein über der Mitte des Oberschenkels: 70 Prozent
- Bein bis zur Mitte des Oberschenkels: 60 Prozent
- Bein bis unterhalb des Knies: 50 Prozent
- Bein bis zur Mitte des Unterschenkels: 45 Prozent
- Fuß: 40 Prozent
- große Zehe: 5 Prozent
- andere Zehe: 2 Prozent
- Auge: 50 Prozent
- Gehör auf einem Ohr: 30 Prozent
- Geruchssinn: 10 Prozent
- Geschmackssinn: 5 Prozent

Achten Sie darauf, dass Ihre Unfallversicherung mindestens diese Werte ansetzt. Es gibt aber auch Tarife, die den Verlust der Funktionsfähigkeit der einzelnen Körperteile höher bewerten, um bis zu 10 oder sogar 20 Prozent. Das wird häufig als „Gliedertaxe Plus" bezeichnet. Sie bekommen dann im Ernstfall mehr Geld.

Besonders hoch ist die Auszahlung nach einem Unfall, wenn Sie sich für ein Angebot mit Progression entscheiden. Enthält Ihr Vertrag beispielsweise eine Progression von 500 Prozent, würden Sie etwa bei einer Querschnittlähmung das Fünffache der vereinbarten Versicherungssumme erhalten.

Beachten Sie aber auch: Wenn der Unfallschaden Körperteile betrifft, die bereits stärker vorgeschädigt sind, nehmen die Versicherer eventuell Abzüge von der festgestellten Invalidität vor.

Lücken im Schutz

Der Haken bei der Unfallversicherung: Sie zahlt im Gegensatz zur Berufsunfähigkeitsversicherung nur nach einem Unfall und in der Regel nicht für die Folgen, die etwa psychische Erkrankungen oder Allergien haben. Und selbst wenn dem ersten Anschein nach alles für einen Unfall spricht, der versichert sein müsste, kann es passieren, dass der Versicherer nicht zahlen muss. Wenn etwa ein Radfahrer infolge eines epileptischen Anfalls stürzt, würde der Versicherer sich normalerweise weigern einzuspringen, da eine Bewusstseinsstörung zu dem Unfall geführt hat. Auch wenn solche Störungen durch Kreislaufprobleme hervorgerufen werden, muss er häufig nicht zahlen. Unfälle, die auf Alkohol- oder Medikamentenmissbrauch zurückzuführen sind, werden in der Regel ebenfalls vom Schutz ausgeschlossen.

Bei den Ausschlüssen unterscheiden sich die Tarife. Einige Versicherer zahlen für Unfallfolgen nach einem Schlaganfall oder auch bei begrenztem Alkoholkonsum, andere tun dies nicht.

Sportunfälle, Gesundheitsschäden durch ausströmende Gase oder bei Rettungsmaßnahmen (Sie eilen jemandem zu Hilfe und verletzen sich) sind in der Regel mitversichert. Stirbt die versicherte Person innerhalb eines Jahres an den Folgen des Unfalls, greift der Invaliditätsschutz nicht. Dies muss zusätzlich als „Todesfallleistung" abgesichert werden.

Rente oder Einmalzahlung?

Die private Unfallversicherung gibt es in zwei Varianten: Im Schadensfall bekommen Sie entweder eine einmalige Kapitalzahlung oder Sie erhalten eine lebenslange Rente. Verträge mit Rentenzahlung sind im Allgemeinen deutlich teurer. Dafür haben Sie die Gewissheit, dass Sie eine verlässliche monatliche Absicherung bekommen. Gerade für jüngere Versicherte kann das eine Überlegung wert sein. Doch hat die Rentenvariante den Nachteil, dass sie erst bei gravierenden Unfallfolgen greift, in der Regel ab 50 Prozent Invalidität. Für die Einmalzahlung spricht, dass sie flexibler eingesetzt werden kann: Für aufwendige Umbauten, Therapien, als finanzielle Rücklage. Und auch kleinere Verletzungen sind abgedeckt.

Für Kinder und Senioren

Neben der klassischen Unfallversicherung gibt es spezielle Angebote, etwa für Kinder und Senioren. Auf den Invaliditätsschutz für Kinder gehen wir ausführlicher im Kapitel „Die Familie absichern" ab S. 50 ein.

Eine wichtige Zielgruppe sind auch Senioren. Mit zunehmendem Alter steigt das Risiko für Unfälle, besonders im Haushalt und durch Stürze. Spezielle Seniorenunfallversicherungen sind auf die Bedürfnisse älterer Menschen zugeschnitten. Hilfe gibt es auch bei leichten Einschränkungen, nicht nur schwerer Invalidität. Vor allem aber bieten diese Seniorenversicherungen sogenannte Assistance-Leistungen – Hilfsangebote, die kurzfristig für Entlastung sorgen. Dazu gehören Haushaltshilfen, Menüservice, Pflegeberatung, Fahrdienste.

Zwar übernehmen die Krankenkassen nach der Rückkehr aus der Klinik unter bestimmten Voraussetzungen die Ausgaben für die häusliche Pflege oder eine Haushaltshilfe. Doch hat dieser Schutz Lücken und ist zeitlich begrenzt. Für diese Fälle kann eine Unfallversicherung mit Assistance-Leistungen eine sinnvolle Lösung sein. Mit einem Jahresbeitrag von weniger als 100 Euro können Sie sich den Anspruch auf diese Hilfe sichern.

Um ihre Kunden zu unterstützen, arbeiten die privaten Unfallversicherer in der Regel mit sogenannten Assisteuren wie dem Malteser-Hilfsdienst oder der Johanniter-Unfall-Hilfe zusammen. Diese organisieren dann zum Beispiel Dienstleister wie Putzdienst oder Gartenhilfe. Im Normalfall sollte der private Versicherer die Kosten für diese Dienste komplett übernehmen. Aber in manchen Verträgen wird vereinbart, dass er die Dienste lediglich „vermittelt" oder die Leistungen nicht für mindestens sechs Monate übernimmt. Solche Policen bieten keinen ausreichenden Schutz.

Testergebnisse im Blick

Eine ausführliche Untersuchung zu diesen besonderen Angeboten für Senioren finden Sie im Internet unter test.de, Suchbegriff „Unfall-Assistance-Tarife". Schauen Sie vor Vertragsabschluss auf die genauen Bedingungen: Wann zahlt der Versicherer, für wie viele Einsätze von Dienstleistern, und wie lange dürfen sie dauern? Zahlt er nur infolge von Unfällen oder auch infolge schwerer Erkrankungen? Nehmen Sie sich die Zeit, um sich einen Überblick zu verschaffen, damit Sie im Ernstfall tatsächlich die erhoffte Unterstützung erhalten.

Die Familie absichern

Wie stehen der Partner und die Kinder finanziell da, falls Ihnen etwas zustößt? Sobald Angehörige zu versorgen sind, ändert sich der Versicherungsbedarf.

Spätestens wenn das erste Kind auf der Welt ist, wird es Zeit, dass Sie sich um Ihre Versicherungen kümmern. Sie müssen nicht den gesamten bisherigen Schutz auf den Kopf stellen, aber an ein paar Stellen sollten Sie aktiv werden oder zumindest nachbessern. Eine Übersicht zu den wichtigsten Versicherungen für junge Familien finden Sie unter anderem in der Checkliste C im Formularteil. Häufig empfiehlt es sich aber, schon etwas früher anzusetzen – zum Beispiel, wenn Sie fest mit Ihrem Partner oder Ihrer Partnerin zusammen sind und sich gegenseitig absichern wollen.

Bestehende Verträge aktualisieren

Sobald Sie nicht nur für sich, sondern auch für andere verantwortlich sind, geht es darum, laufende Verträge an Ihre Situation anzupassen und neue Verträge zu schließen.

Prüfen Sie zum Beispiel, wie hoch die vereinbarte Rente bei Ihrer Berufsunfähigkeitsversicherung ist (siehe „Verlust der Arbeitskraft absichern", S. 40). Reicht die aktuelle Summe im Ernstfall aus, wenn nicht nur Sie selbst, sondern auch Partner und Kinder von Ihrem Erwerbseinkommen leben? Prüfen Sie, unter welchen Bedingungen Sie die vereinbarte Rente erhöhen können. Mithilfe der Nachversicherungsgarantie ist es je nach Vertrag möglich, etwa nach einer Hochzeit oder der Geburt eines Kindes die Rente ohne erneute Gesundheitsprüfung zu erhöhen. In manchen Tarifen klappt das auch ohne konkreten Anlass.

Nehmen Sie sich zudem die Privathaftpflichtversicherung vor. Sinnvoll ist, dass der Versicherer für Schäden durch deliktunfähige Kinder aufkommt. Das ist nicht automatisch der Fall. Denn Kinder unter sieben Jahren sind nicht deliktfähig (im Straßenverkehr unter zehn Jahren). Das bedeutet, der Nachwuchs haftet bis zu dem Alter nicht, wenn er jemand anderem einen Schaden zufügt. Dementsprechend muss auch die Privathaftpflichtversicherung nicht einspringen, wenn etwa die vierjährige Tochter während des Besuchs bei den Nachbarn aus Versehen das Tablet der Mutter vom Tisch wischt. Als Eltern haften Sie nur dann, wenn Sie Ihre Aufsichtspflicht verletzt haben. Ist Ihnen kein Vorwurf zu machen, ist die Haftpflichtversicherung wiederum außen vor – die geschädigte Nachbarin bleibt auf den Kosten für ein neues Tablet sitzen.

Genau so eine Situation kann für Sie als Eltern unangenehm sein. Um ein angespanntes Verhältnis zu Freunden oder Nachbarn zu vermeiden, überlegen Sie vielleicht, die Reparatur am Auto aus eigener Tasche zu zahlen. So weit muss es aber nicht kommen, wenn Ihre Haftpflichtversicherung den Extraschutz für deliktunfähige Kinder umfasst. Je nach Tarif springt der Versicherer dann zumindest bis zu einer bestimmten Schadenshöhe ein.

Versicherer informieren

Wenn Sie Kinder bekommen haben, ist der Nachwuchs automatisch über Ihre Haftpflichtversicherung geschützt. Sicherheitshalber sollten Sie Ihren Versicherer trotzdem darüber informieren, dass ein neues Familienmitglied hinzugekommen ist.

Neue Verträge abschließen

Sobald Sie für andere sorgen, brauchen Sie weiteren Versicherungsschutz. Unbedingt zu empfehlen ist eine Risikolebensversicherung. Sie zahlt Angehörigen eine größere Summe aus, falls die versicherte Person stirbt. Die Versicherungssumme sollte etwa das Drei- bis Fünffache Ihres Jahreseinkommens ausmachen.

Der erste Gedanke mag nun sein: Diesen Schutz braucht nur der Hauptverdiener der Familie. Doch das ist zu kurz gedacht. Wenn etwa die Mutter nach der Geburt des Kindes in Elternzeit geht und der Vater weiter berufstätig ist, sollte auch die Frau ausreichend versichert sein. Denn sollte ihr etwas zustoßen, wird der Partner einige finanzielle Mittel benötigen: Entweder braucht er Geld, um eine Kinderbetreuung zahlen zu können, oder er will die Kinderbetreuung selbst übernehmen, steckt daraufhin beruflich zurück und erzielt weniger Einkommen.

Auch wenn Sie sich ungern mit diesen Themen beschäftigen möchten: Nutzen Sie die Möglichkeit, Ihren Partner oder auch Ihre Kinder für den Ernstfall abzusichern. Im Vergleich zu anderen Versicherungen ist die Risikolebensversicherung eher günstig. Unsere Untersuchung aus dem Januar 2023 zeigte bei den Preisen allerdings gewaltige Unterschiede. Teure Angebote kosten mehr als dreimal so viel wie günstige. Wer Preise vergleicht, kann Hunderte Euro im Jahr sparen. Relevante Leistungsunterschiede haben wir hingegen nicht festgestellt. Jeder von uns untersuchte Tarif bietet ausreichend Schutz – auch ohne teure Extras. Der Preis für die Police hängt dabei nicht nur von der Versicherungssumme ab, sondern von vielen weiteren individuellen Kriterien wie Beruf, Alter, Gesundheitszustand, Übergewicht oder Rauchverhalten.

Eine Risikolebensversicherung wird umso wichtiger, wenn noch ein Kredit abzuzahlen ist. Für solche Fälle, etwa wenn Sie noch dabei sind, Ihr Immobiliendarlehen zu tilgen, kann eine Restschuldversicherung eine Lösung sein. Bei dieser besonderen Form der Risikolebensversicherung sinkt die Versicherungssumme – quasi parallel zur Kreditschuld – im Laufe der Jahre.

UNSER RAT

Risikolebensversicherung

Bedarf und Leistungen. Die Risikolebensversicherung benötigt jeder, der andere finanziell zu versorgen hat, also etwa Kinder oder einen Partner. Der Versicherer zahlt eine vorab vereinbarte Summe aus, sollte die versicherte Person oder eine der versicherten Personen sterben.

Die Günstigsten im Test. Die günstigste Risikolebensversicherung bekommt unsere Modellkundin (Abteilungsleiterin, 35 Jahre alt) im Test Anfang 2023 bei einer Versicherungssumme von 450 000 Euro für 433 Euro im Jahr. Bei einer Versicherungssumme von 100 000 Euro würde sich ihr Beitrag auf 114 Euro pro Jahr reduzieren.

Bei Neuabschluss. Vereinbaren Sie eine ausreichend hohe Versicherungssumme und machen Sie bei Vertragsabschluss korrekte Angaben zu Vorerkrankungen und Hobbys. Wenn Sie fürchten, aus gesundheitlichen Gründen abgelehnt zu werden, können Sie anonym eine Risikovoranfrage stellen, zum Beispiel per Telefonanruf.

Bei vorhandenem Vertrag. Es kann sich lohnen, in einen preisgünstigeren Vertrag zu wechseln. Dafür kann aber eine neue Gesundheitsprüfung notwendig werden.

Achtung, Erbschaftsteuer

Kommt es zum Versicherungsfall, und die Hinterbliebenen erhalten das Geld aus der Versicherung, kann Erbschaftsteuer fällig werden. Das hängt unter anderem davon ab, wer Versicherungsnehmer des Vertrags war und in welchem Verhältnis Verstorbener und Begünstigter zueinander gestanden haben.

Verheiratete müssen sich häufig keine Gedanken zur Erbschaftsteuer machen. Denn Ehepartner und eingetragene Lebenspartner haben den Vorteil, dass für sie bei Erbschaften und Schenkungen ein Steuerfreibetrag von 500 000 Euro gilt. Bleibt das gesamte Erbe – einschließlich der ausgezahlten Versicherungssumme – unter dieser Grenze, geht das Finanzamt leer aus. Auch Kinder des Verstorbenen haben oft die Möglichkeit, die Versicherungssumme und andere Werte steuerfrei zu übernehmen, denn für sie gilt ein Freibetrag von 400 000 Euro.

Deutlich wahrscheinlicher ist die Steuerpflicht, wenn der im Versicherungsschein genannte Begünstigte nicht mit dem Verstorbenen verwandt oder verheiratet war. Dann bleiben nur 20 000 Euro steuerfrei. Dieser Wert ist schnell übersprungen.

Beispiel: Christina würde beim Tod ihres Freundes Tom 100 000 Euro aus der Lebensversicherung bekommen, die ihr Partner zu ihren Gunsten abgeschlossen hat. Er ist der Versicherungsnehmer. Nach Abzug des Freibetrags von 20 000 Euro müsste Christina nun für die verbleibenden 80 000 Euro 30 Prozent Erbschaftsteuer zahlen. Damit gingen 24 000 Euro ans Finanzamt.

Für die Hinterbliebenen ist eine solche Steuer eine enorme finanzielle Belastung. Diese Last lässt sich umgehen, wenn die Partner von vornherein quasi überkreuz einen Vertrag abschließen. Mit anderen Worten heißt das, nicht die versicherte Person – im obigen Beispiel Tom – sollte Versicherungsnehmer sein, sondern die begünstigte Person, also Christina. Sollte Tom sterben, bekäme Christina als Begünstigte das Geld aus ihrem eigenen Vertrag ausgezahlt. Damit liegt kein Erbfall vor und auch keine Steuerpflicht.

Mit dem Partner gemeinsam

Um Beiträge zu sparen, kann die „verbundene Leben“ eine Option sein. Bei dieser Art des Vertrags sichern sich zum Beispiel Ehe- oder Lebenspartner gegenseitig ab. Stirbt einer von beiden, erhält der andere die Versicherungssumme. Das ist oft günstiger, als zwei einzelne Verträge abzuschließen. Allerdings zahlt der Versicherer nur einmal die vereinbarte Summe aus: beim Tod des zuerst verstorbenen Partners.

Eigene Verträge für die Kinder

Bei vielen Verträgen sind Kinder automatisch über die Eltern mitversichert, etwa in der Haftpflichtpolice – hier sogar bis zum Ende der ersten Ausbildung. Dann ist also kein Extra-Vertrag notwendig.

Aktiv werden müssen Sie dagegen zum Beispiel beim Thema Krankenversicherung. Sohn oder Tochter müssen kurz nach der Geburt entweder in einer gesetzlichen Krankenkasse oder bei einem privaten Anbieter versichert werden.

Wenn die Eltern gesetzlich krankenversichert sind, haben sie den Vorteil, dass sie ihren Nachwuchs beitragsfrei mitversichern können. Die beitragsfreie „Familienversicherung“ kommt infrage,

➔ wenn beide Elternteile gesetzlich krankenversichert sind, oder

➔ wenn die Eltern nicht verheiratet sind und mindestens ein Elternteil gesetzlich versichert ist, oder

➔ wenn die Eltern verheiratet sind, mindestens ein Partner gesetzlich versichert ist und der privat versicherte Partner weniger verdient oder einen Verdienst unter der Versicherungspflichtgrenze erzielt.

In allen Fällen aber nur, solange das Kind kein eigenes Einkommen hat, das über 485 Euro monatlich liegt (Stand 2023).

Erfüllen Sie als Eltern keine dieser Voraussetzungen – zum Beispiel, weil der privat versicherte Partner ein Einkommen über der Versicherungspflichtgrenze erzielt –, bleibt Ihnen nur, das Kind entweder freiwillig bei einer gesetzlichen Krankenkasse zu versichern oder es bei einem privaten Versicherer anzumelden. In beiden Fällen müssen Sie mit Monatsbeiträgen ab etwa 150 Euro rechnen, wenn Sie nicht verbeamtet sind und Anspruch auf Beihilfeleistungen haben.

Darüber hinaus gibt es verschiedene Versicherungsangebote, die für den Nachwuchs zwar sinnvoll sind, aber nicht ganz oben auf der Liste der wichtigsten Versicherungen stehen. So können Sie etwa auch für Ihr Kind private Krankenzusatzversicherungen abschließen, um ihm beispielsweise für den Krankenhausaufenthalt mehr Leistungen zu sichern. Wenn Sie selbst so einen Vertrag haben, erkundigen Sie sich bei Ihrem Versicherer, was es kostet, den Nachwuchs mitzuversichern.

Sinnvoll ist zudem, Ihr Kind gegen das Risiko einer Invalidität zu schützen. Es gibt zwar die gesetzliche Unfallversicherung, doch sie bringt Kindern keinen Schutz, wenn sie sich beispielsweise in den Ferien beim Toben im Wald ernsthaft verletzen. Wenn sie hingegen auf dem Weg in die Kita oder zur Schule oder direkt dort vor Ort einen Unfall haben, können sie Leistungen aus der gesetzlichen Unfallversicherung bekommen.

Die Alltagslücken im gesetzlichen Schutz können Sie zum Beispiel mithilfe einer privaten Kinderinvaliditätsversicherung schließen. Mit dieser Police sichern Sie sich eine finanzielle Leistung für den Fall, dass Ihr Kind schwerbehindert wird. Das kann eine einmalige Zahlung oder auch eine Rente sein. Diese finanzielle Unterstützung kann sehr wertvoll werden, etwa wenn Ihr Kind plötzlich rund um die Uhr auf Hilfe angewiesen ist. Bei dieser Versicherung spielt es keine Rolle, ob eine Krankheit oder ein Unfall die Ursache für die Invalidität war. Der umfangreiche Schutz hat allerdings seinen Preis, Sie sollten mit einigen Hundert Euro Jahresbeitrag rechnen.

Deutlich günstiger wird es für Sie, wenn Sie sich für eine Kinderunfallversicherung entscheiden. Der Haken: Versichert sind – wie es der Name schon sagt – Unfallfolgen. Wenn Ihnen das reicht oder wenn die Kinderinvaliditätsversicherung zu teuer ist, kann der Abschluss der Unfallversicherung infrage kommen.

AUSFÜLLHINWEIS

→ S. 109

Formular E
Extras der Krankenkassen

Viele Leistungen der gesetzlichen Krankenkassen sind gleich, an einigen Stellen unterscheiden sich die Kassen allerdings. Im Formularteil finden Sie Beispiele für Extraleistungen der Kassen, die für Sie als Familie sinnvoll sein können. Nehmen Sie die Checkliste zur Hand, wenn Sie sich das Leistungspaket Ihrer eigenen Krankenkasse ansehen oder sich bei anderen Kassen umschauen. Unter test.de/krankenkassen haben Sie gegen eine geringe Gebühr die Möglichkeit, das Leistungsspektrum und die Beitragssätze von rund 70 Kassen zu vergleichen.

Keine Beitragsrückgewähr

Wollen Sie eine Kinderunfallversicherung abschließen, vermeiden Sie einen Vertrag mit Beitragsrückgewähr. So ein Vertrag mag attarktiv erscheinen, denn der Versicherer erstattet einen Teil der eingezahlten Beiträge, wenn der Kunde keine Leistungen in Anspruch nimmt. Allerdings treibt dieses Extra den Preis für den Unfallschutz in die Höhe.

Versicherungen für Haustiere

Haben Sie ein Haustier, sollten Sie sich mit zwei Versicherungen beschäftigen: Mit der Tierhalter-Haftpflicht und einer Krankenversicherung für Ihr Haustier.

Wer ein Haustier hat, haftet mit seinem gesamten Vermögen für Schäden, die das Tier anrichtet. Auch kleine Tiere können hier immense Kosten verursachen. Eine Haftpflichtversicherung ist daher dringend zu empfehlen. Allerdings sind die beliebtesten Haustiere, die Katzen, als „Kleintiere" bereits über die private Haftpflicht (S. 26) gegen solche Schäden versichert. Ebenso Meerschweinchen und Kaninchen, in einigen Fällen sogar Schlangen und Skorpione (im Terrarium). Sind die in Ihrer privaten Haftpflicht nicht mitversichert, gibt es spezielle Policen, die nicht nur Personen-, Sach- und Vermögensschäden übernehmen, sondern auch Rettungs- und Bergungskosten.

Haftpflicht – ein Muss für Hundebesitzer

Für Hunde müssen Sie eine Tierhalter-Haftpflicht abschließen. In sechs Bundesländern ist sie ohnehin gesetzlich vorgeschrieben. Doch ist ein Abschluss auch andernorts unverzichtbar. Zumal die Versicherung nicht teuer sein muss. Für einen Großhund liegen die günstigsten Policen beispielsweise bei 55 Euro pro Jahr. Teure Tarife können allerdings fast das Dreifache kosten. Ein Preisvergleich lohnt sich.

Was gehört zum Grundschutz?

Für die Hundehalter-Haftpflicht hat die Stiftung Warentest einen Grundschutz definiert. Der umfasst unter anderem folgende wichtige Leistungen, die diese Versicherung bieten sollte:

➜ **Hohe Schadenssumme** von mindestens 10 Millionen Euro, für Personen und Sachschäden.

➜ **Schutz bei Pflichtverstößen:** Die Haftpflicht zahlt auch, wenn Sie unwissentlich gegen Leinen- oder Maulkorbpflichten verstoßen.

➜ **Schutz für Hundehüter:** Wenn Freunde oder Nachbarn auf das Tier aufpassen, sollten Schäden, die entstehen, mitversichert sein.

➜ **Mietsachschäden:** Schäden, die Ihr Hund in einer Mietwohnung oder anderen privat gemieteten Räumen anrichtet (zum Beispiel zerkratzte Türen, zerkauter Waschmaschinenschlauch) sollten mindestens bis 500 000 Euro gedeckt sein. Abnutzungs- und Gebrauchsspuren sind jedoch in der Regel nicht versichert.

➜ **Schutz im Ausland:** Der Schutz sollte auch während eines vorübergehenden Auslandsaufenthalts bestehen (in der EU drei Jahre, weltweit ein Jahr).

➜ **Deckschäden:** Zeugt Ihr Hund mit einer teuren Rassehündin Nachwuchs, sind mögliche Schadenersatzforderungen abgesichert.

➜ **Welpenschutz:** Der Nachwuchs Ihrer Hündin ist mindestens sechs Monate lang mitversichert, solange er im selben Haushalt lebt.

➜ **Vorsorgeversicherung:** Risiken, die nach Vertragsabschluss entstehen (wie die Anschaffung eines zweiten Hundes). Diese Risiken müssen vorläufig mit mindestens 3 Millionen Euro für Personen- und Sachschäden und 50 000 Euro für Vermögensschäden versichert sein.

Prüfen Sie Zusatzleistungen

Außer diesem Grundschutz bieten viele Versicherer Erweiterungen an, die mitunter nicht viel kosten, aber weitere Leistungen einschließen:

➔ **Forderungsausfalldeckung:** Diese springt ein, wenn Sie selbst von einem unversicherten Tier geschädigt werden und der Verursacher keinen Schadenersatz leisten kann. Sie müssen zuvor aber alle rechtlichen Möglichkeiten ausgeschöpft, also einen rechtswirksamen Titel erwirkt haben.

➔ **Ansprüche des Hundehüters:** Kommt die Person zu Schaden, die auf den Hund aufpasst, ist das durch den Grundschutz nicht versichert. Manche Versicherungen bieten hier als Zusatzleistung die Absicherung der Ansprüche von bis zu 10 Millionen Euro an.

➔ **Ansprüche des Ehe- oder Lebenspartners:** Schäden, die Ihr Hund Ihrer Partnerin oder Ihrem Partner zufügt, sind meist nicht mitversichert. Einige Tarife bieten hier dennoch Schutz.

Abgesichert für 36 Euro pro Jahr

Die Stiftung Warentest hat im Juli 2025 insgesamt 157 Tarife verglichen. Von denen erfüllten 60 den Grundschutz. In diesem Feld schnitten am günstigsten ab: Für einen Großhund wie ein Labrador Degenia (Premium) und WGV mit jeweils 55 Euro im Jahr. Für einen Kleinhund wie ein Jack Russell Terrier: VHV (Klassik-Garant) mit 36 Euro. Die Tarife unterscheiden sich nach Hunderasse. Potenziell gefährliche „Listenhunde" (wie Pitbullterrier) sind nur bei einzelnen Versicherungen unkompliziert versicherbar (zum Beispiel Getsafe, Die Haftpflichtkasse, VHV).

Krankenversicherung für Haustiere

Tierarztrechnungen können unerwartet hoch ausfallen, vor allem nach der deutlichen Erhöhung der Gebührensätze im November 2022. Ein Unfall oder eine plötzliche Krankheit kann schnell dazu führen, dass Kosten von mehreren tausend Euro anfallen.

In Hinblick auf Kosten und Leistungen lassen sich zwei Varianten unterscheiden:

➔ **Die Operationskostenversicherung** greift bei Verletzungen und Krankheiten, die eine operative Behandlung erfordern. Dazu zählen Eingriffe bei Sehnenrissen, Knochenbrüchen oder Tumorentfernungen. Diagnostik, Laborkosten, Nachbehandlung inklusive.

➔ **Die Krankenvollversicherung** bietet einen umfassenden Schutz und übernimmt auch die Kosten für Routinebehandlungen, Medikamente, Diagnostik ohne OP (wie Ultraschall, Röntgen, MRT), Behandlungen chronischer Krankheiten sowie Vorsorgemaßnahmen (zum Beispiel Impfungen).

Die erste Variante ist sehr viel günstiger und kommt immerhin für die oftmals recht teuren Operationen auf (einschließlich Nachsorge). Allerdings müssen sie die übrigen Behandlungen aus eigener Tasche zahlen, während eine Krankenvollversicherung ein breites Leistungsspektrum erfassen kann.

Die Höhe der Versicherungsprämie hängt von zahlreichen Faktoren ab: Von der Tierart, von der Rasse, vom Alter, auch vom Wohnort, bei Katzen: ob es sich um einen „Freigänger" oder einen bloßen „Stubentiger" handelt. Und natürlich: Welches Leistungsspektrum gewählt wird. Manche Tarife umfassen sogar alternative Behandlungsmethoden wie Akupunktur oder Lasertherapie und kosten natürlich mehr.

Überlegungen vor dem Abschluss

Die Anzahl der Tierversicherungen hat in den vergangenen Jahren stark zugenommen. Dabei ist das Leistungsspektrum sehr unterschiedlich. Einen passenden Tarif zu finden, ist eine sehr anspruchsvolle Aufgabe. Denn es kommt immer auf den Einzelfall an. Ehe Sie eine Police abschließen, schauen Sie sich die Vertragsbedingungen genau an. Und vergleichen Sie!

➜ **Frühzeitig versichern:** Es lohnt sich, Ihr Haustier so früh wie möglich zu versichern. Je älter das Tier wird, desto höher sind die Beiträge, und die Auswahl an Tarifen verringert sich. Zudem schließen viele Anbieter Vorerkrankungen aus oder nehmen das Tier gar nicht erst auf.

➜ **Wartezeiten:** Versicherer schützen sich davor, dass Halter erst bei akuten Problemen eine Police abschließen. Daher sind gestaffelte Wartezeiten üblich: Bei bestimmten Operationen können es zwischen einer Woche und bis zu 18 Monaten sein (je nach Art oder Kosten), bei Unfällen sind es je nach Anbieter 48 Stunden, 5 Tage oder es gibt gar keine Wartezeit.

➜ **Anbieterkündigungsrecht:** Tierversicherer können Verträge regulär zum Ende der vereinbarten Laufzeit oder sogar nach jedem Leistungsfall kündigen. Einige Anbieter, wie HanseMerkur, die Barmenia und ihre Kooperationspartner, verzichten zumindest bei Hunden nach dem dritten Versicherungsjahr auf dieses Kündigungsrecht.

So checken Sie den Versicherungsvertrag

Wenn Sie eine Haustierkrankenversicherung abschließen – oder einen bestehenden Vertrag überprüfen, beachten Sie diese Punkte:

Leistungsumfang und Ausschlüsse

➜ **Operationskostenversicherung:** Prüfen Sie, welche OP-Verfahren, Voruntersuchungen und Nachbehandlungen versichert sind.

➜ **Krankenvollversicherung:** Achten Sie darauf, dass ambulante und stationäre Behandlungen, Diagnostik, Medikamente, Vorsorge abgedeckt sind.

➜ **Ausschlüsse:** Viele Tarife schließen bestimmte Behandlungen aus: Zahnbehandlungen oder Operationen aufgrund angeborener Krankheiten. Häufig gibt es Einschränkungen oder Ausschlüsse bei rassetypischen Erkrankungen.

Erstattungshöhe und Begrenzungen

➜ **GOT-Höchstsatz:** Achten Sie darauf, bis zu welchem Satz der Gebührenordnung für Tierärzte (GOT) der Versicherer die Kosten übernimmt. Im Notdienst kann bis zum 4-fachen GOT-Satz abgerechnet werden. Wir empfehlen Tarife, die mindestens den 3-fachen, idealerweise den 4-fachen Satz der GOT erstatten, damit Sie bei teuren Behandlungen nicht auf den Mehrkosten sitzen bleiben.

➜ **Maximale Erstattung/Versicherungssumme:** Viele Tarife haben eine jährliche oder pro Versicherungsfall geltende Obergrenze für die Erstattung. Dieser Betrag sollte hoch genug sein, besser noch, wenn es keine Leistungsobergrenze gibt. Allerdings kann ein Tarif auch sehr gut sein, wenn er nicht unbegrenzt leistet. Das Gesamtpaket ist entscheidend.

Beiträge und Selbstbeteiligung

➜ **Steigende Beiträge:** Planen Sie ein, dass die Beiträge in vielen Tarifen mit zunehmendem Alter Ihres Tieres ansteigen. Oder die Leistungen werden eingeschränkt.

➜ **Selbstbeteiligung:** Tarife gibt es mit und ohne Selbstbeteiligung. Eine Selbstbeteiligung kann die Jahresbeiträge senken, erfordert aber, dass Sie einen Teil der Kosten im Schadensfall selbst tragen. Überlegen Sie, ob Sie dafür finanzielle Rücklagen haben.

Krankenversicherungen gibt es mittlerweile auch für Kaninchen, Meerschweinchen und andere Kleintiere. Doch bei weitem am häufigsten sind die für Hunde und Katzen. Bei der OP-Versicherung haben wir 121 Tarife für Hunde (Februar 2025) und 173 für Katzen (Dezember 2025) untersucht. Für eine sechs Monate alte Freigänger-Katze beträgt der Jahresbeitrag für einen sehr guten OP-Tarif ohne Selbstbeteiligung 126 Euro (bei 40% Selbstbeteiligung 61 Euro), während für einen siebenjährige Freigänger zwischen 86 und 178 Euro zu zahlen sind. Für junge Hunde sind sehr gute OP-Tarife ab 216 Euro jährlich erhältlich, wobei die Beiträge stark von Alter und Rasse abhängen.

Bei den Operationskostenversicherungen für Hunde fanden wir nur jede vierte Police empfehlenswert. Bei jungen Hunden (6 Monate) waren die Barmenia (Premium, Premium Plus) und ihre Partner Dogprotect24 und Die Bayerische Testsieger. Bei älteren (7 Jahre) waren es Dalma und LVM (Mein Premium SB 0).

Bei den Katzen empfehlen wir Lassie (von HDI). Sie ist die einzige Versicherung mit der Note Sehr gut. Dabei gehören ihre Beiträge zu den niedrigsten. Unter den Krankenvollversicherungen mit sehr hohem Leistungsniveau ist für junge Katzen das Angebot der Allianz (TK Kleintiere Smart/Komfort) besonders günstig. Allerdings können die Beiträge später steigen. Bei Moinsure (Hepster Katzen Superior) ist das nicht der Fall. Dafür kostet die auch gleich deutlich mehr. Bei älteren Katzen schneiden die folgenden Versicherungen besonders gut ab: BD 24 Berlin Direkt (Cat Health 100), Moinsure (Hepster Kranken Premium) und Agila.

Die Altersfrage

Das Alter spielt bei der Kranken- oder OP-Versicherung für Haustiere eine zentrale Rolle. Zunächst einmal ist es ratsam, dass Sie Ihr Haustier versichern, wenn es noch jung ist. Dann sind die Kosten niedrig. Auch wenn sie später noch steigen, werden sie nicht die Höhe erreichen, mit der Sie rechnen müssen, wenn Sie später einsteigen. Bei Jungtieren gibt es noch wenig oder keine Vorerkrankungen, die den Schutz verteuern (oder sogar ausschließen). Dabei können Krankheiten und vor allem Verletzungen bereits in jungen Jahren auftreten. Und es sind gerade diese frühzeitigen Behandlungen, für die eine Krankenversicherung besonders sinnvoll ist.

Außerdem haben viele Versicherer ein Höchstalter für Hunde und Katzen festgelegt, bis zu dem Sie in die Versicherung einsteigen können. Bei Hunden sind das oftmals 7 oder 8 Jahre, bei Katzen zwischen 7 und 9 Jahren – je nach Versicherung. Ein spätes Einstiegsalter ist aber aus Kostengründen selten zu empfehlen.

Und wir haben es schon angesprochen: Die Versicherung kann nach Ablauf des Versicherungsjahres ordentlich kündigen und hat in der Regel nach jedem Schadensfall ein Sonderkündigungsrecht. Das ist vor allem für alte und chronisch kranke Tiere ein Problem. Die Barmenia und ihre Partnerversicherungen verzichten auf dieses Kündigungsrecht – sobald das Tier drei Jahre lang versichert ist. HanseMerkur bietet einen solchen Kündigungsverzicht zumindest bei der Vollversicherung. Der Vorteil: Auch wenn die Prämien steigen, müssen Sie nicht befürchten, bei einem chronisch kranken Tier den Versicherungsschutz zu verlieren.

Alternative zur Versicherung

Wenn sich die Versicherung finanziell nicht (mehr) lohnt oder Ihnen die Angelegenheit zu kompliziert ist, so empfiehlt es sich, regelmäßig einen festen Betrag für die Tierarztkosten beiseitezulegen. Das erfordert sehr viel Disziplin und hilft nur begrenzt, wenn mehrere teure Behandlungen in kurzer Folge anfallen. Aber es ist das Sinnvollste, wenn eine Versicherung zu teuer oder nicht mehr möglich ist. Außerdem bleibt das Geld, das Sie nicht für den Tierarzt ausgeben müssen, auf Ihrem Sparkonto.

Das Zuhause schützen

Einbrüche, Sturmschäden, Brände oder Wasserrohrbruch: Vor den finanziellen Folgen solcher Vorkommnisse sollten Sie sich ausreichend schützen.

Wissen Sie, welchen Wert Ihre Wohnungseinrichtung heute hat? Nicht nur die Möbel und die technischen Geräte, sondern auch der ganze Rest – von Büchern über Geschirr bis hin zu Kleidung und Kinderspielzeug?

Wenn Sie gerade erst von zu Hause ausgezogen sind und ein WG-Zimmer bewohnen, dürfte die Berechnung recht einfach sein. Aber wenn Sie mitten im Berufsleben stehen, eine Familie gegründet und im Laufe der Jahre den einen oder anderen kleinen „Schatz" angesammelt haben, ist es ziemlich aufwendig, einen Überblick zu bekommen.

Nun haben Sie im Alltag wenig Anlass, den finanziellen Gegenwert Ihrer Einrichtung zu berechnen. Doch wenn es um den Versicherungsschutz geht, sollten Sie sich immer wieder Klarheit darüber verschaffen, wie viel Ihr gesamter Hausrat aktuell wert ist. Diese Information brauchen Sie nicht nur, wenn Sie Ihre Wohnungseinrichtung neu absichern wollen, sondern auch, wenn Sie bereits eine Hausratsversicherung haben. Die entscheidende Frage ist dann: Entspricht die Versicherungssumme noch dem aktuellen Neuwert Ihrer Einrichtung?

Ist das nicht der Fall, sind Sie „unterversichert". Im Schadensfall wird die Zahlung entsprechend gekürzt. Ist Ihr Hausrat also 100 000 Euro wert, die Schadenssumme beträgt aber nur 80 000 Euro, bekommen Sie nur 80 Prozent erstattet. Ist Ihnen also ein Schaden von 1 000 Euro entstanden, übernimmt Ihre Versicherung nur 800 Euro.

AUSFÜLLHINWEIS

→ S. 99

Formular I 2 Bewertungsliste Hausrat

Online selber rechnen

Unter test.de/formulare-versicherungen stellen wir Ihnen eine Liste zur Verfügung, mit deren Hilfe Sie den Wert Ihres Hausrats leicht ermitteln können. Sie führt Sie durch die Zimmer Ihrer Wohnung und ist selbstrechnend. Achtung: Tragen Sie die Neuwerte ein.

Schutz für Möbel und viel mehr

Mit einer Hausratversicherung schützen Sie die Einrichtung in Ihrem Zuhause – egal, ob Sie dort zur Miete wohnen oder selbst Eigentümer sind. Für die meisten Haushalte ist diese Versicherung sinnvoll. Sie ersetzt beschädigten oder zerstörten Hausrat zum Neuwert – maximal bis zur vereinbarten Versicherungssumme.

Das ist ein großer Vorteil: Im Unterschied zu anderen Versicherungen, die Ihnen nur den aktuellen Wert erstatten, bekommen Sie bei der Hausratversicherung die Summe erstattet, die Sie brauchen, um Möbel, Geräte und anderen Hausrat in gleicher Qualität neu zu kaufen. Dabei kann „gleiche Qualität" auch bedeuten, dass Sie ein Nachfolgegerät kaufen können, das technisch leistungsfähiger und besser ausgestattet ist. Reicht eine Reparatur aus, übernimmt die Versicherung die Kosten und gleicht zusätzlich einen möglichen Wertverlust aus.

Mit dieser Versicherung haben Sie Schutz, wenn Feuer oder Leitungswasser die Wohnungseinrichtung beschädigen oder zerstören. Nach einem Einbruchdiebstahl ersetzt der Versicherer den Neuwert der gestohlenen Sachen. Außerdem sind die Schäden durch einen Raub, nach Sturm, Hagel oder Blitzschlag, aber auch nach einer Explosion oder Implosion versichert.

Der Preis für diese Versicherung hängt von mehreren Faktoren ab. Neben den vereinbarten Leistungen sind auch der Wohnort (wegen unterschiedlichen Einbruchrisikos) und die Höhe der Versicherungssumme entscheidend.

Schauen Sie bei Vertragsabschluss nicht nur auf den Preis, sondern auch auf die Angebotsbedingungen. Wichtig ist, dass Sie sich für einen Tarif entscheiden, der bis zur Versicherungssumme auch für einen Schaden aufkommt, der durch grobe Fahrlässigkeit von Ihrer Seite entstanden ist. Sonst kann es zum Streit mit dem Versicherer kommen, wenn Sie zum Beispiel die Tür nur zugezogen oder das Fenster auf Kipp gestellt hatten, sodass den Einbrechern der Zutritt zu Ihrer Wohnung erleichtert wurde.

Für den optimalen Schutz ist es ebenfalls wichtig, dass Sie Ihre Einrichtung hoch genug versichern, womit wir wieder bei der zu Beginn erwähnten Wertermittlung sind. Setzen Sie den Wert nicht zu niedrig an. Unser Online-Formular I 2 hilft Ihnen dabei, dass Sie nichts vergessen. Und unsere Checkliste I im Anhang gibt Ihnen Hinweise, wie Sie die Werte realistisch festsetzen.

Ist es Ihnen zu mühsam, sich den genauen Überblick über Ihre Werte zu verschaffen, bieten Ihnen die Versicherer als Alternative einen sogenannten Unterversicherungsverzicht an. Dann wird jeder Quadratmeter Wohnraum pauschal mit einer bestimmten Summe versichert. Am besten fragen Sie die Beiträge für beide Alternativen ab und entscheiden sich dann für den günstigeren Tarif.

UNSER RAT

Hausratversicherung

Bedarf und Leistungen. Mit zunehmendem Wert Ihrer Wohnungseinrichtung ist die Hausratversicherung zu empfehlen. Der Versicherer zahlt, wenn Feuer oder austretendes Leitungswasser die Einrichtung beschädigen. Auch Schäden durch Sturm, Hagel und Blitzschlag sind versichert, ebenso die Folgen von Einbruch oder Raub oder Vandalismus.

Die Günstigsten im Test. Die Stiftung Warentest hat zuletzt im Herbst 2024 insgesamt 260 Hausratpolicen untersucht und für verschiedene Modellhaushalte die günstigsten Beiträge ermittelt. Den günstigsten Versicherungsschutz gab es bei der Schleswiger: 38 Euro ohne Elementarschäden, in Ingolstadt. Am gleichen Ort kostete der teuerste Tarif mit ähnlichem Leistungsumfang 240 Euro – mehr als das Sechsfache! Weitere günstige Versicherer sind Huk24 und Waldenburger.

Bei Neuabschluss. Vermeiden Sie Unterversicherung, also eine zu niedrige Versicherungssumme. Achten Sie in den Vertragsbedingungen darauf, dass der Versicherer für Schäden durch grobe Fahrlässigkeit aufkommt.

Bei vorhandenem Vertrag. Ein Wechsel kann sich lohnen, zum Beispiel wenn im bisherigen Tarif kein Schutz bei grober Fahrlässigkeit besteht. Überprüfen Sie, ob die Versicherungssumme noch zu Ihrer Lebens- und Wohnsituation passt und erhöhen Sie gegebenenfalls den Betrag.

Der Unterversicherungsverzicht macht es für Sie zwar deutlich einfacher, bringt aber ein Risiko mit sich: Vielleicht ist Ihre Versicherungssumme durch diese pauschale Berechnung viel zu hoch. Dann zahlen Sie zu viel. Auch der umgekehrte Fall ist möglich: Sie haben einige besondere Möbelstücke, teure Geräte und Sammlerstücke, sodass die pauschale Versicherungssumme

AUSFÜLLHINWEIS

→ S. 129

Formular I Checkliste Hausratversicherung

Prüfen Sie anhand der Checkliste, welche Leistungen Ihre bisherige Hausratversicherung bietet oder wie leistungsstark ein neues Angebot ist. Überlegen Sie vor Abschluss eines neuen Vertrags, welche dieser Leistungen für Sie wichtig sind und auf welche Sie verzichten können.

pro Quadratmeter zu niedrig ist. Da der Versicherer bei einem Totalschaden nur diese pauschale Summe auszahlen würde, bliebe für Sie eine Versicherungslücke, die Sie aus eigener Tasche füllen müssten.

Fahrräder, PC, Fernseher

Gedanken über den Wert Ihrer Einrichtung sollten Sie sich auch Jahre nach Abschluss der Versicherung immer wieder mal machen. In der Regel steigt mit der Zeit der Wohnstandard, sodass der Hausrat irgendwann viel mehr wert ist. Dann empfiehlt es sich unbedingt, die einmal vereinbarte Versicherungssumme aufzustocken.

Außerdem ist es ratsam, nicht nur auf die Gesamtsumme zu schauen, sondern sich einzelne Bereiche separat herauszupicken. Zwei Themen, die für viele Kunden relevant sind: Klären Sie, ob Ihre Fahrräder (noch) hoch genug versichert sind und ob Ihre technischen Geräte ausreichend gegen Überspannungsschäden versichert sind.

Für das Thema Fahrrad gilt: Ihr Rad oder die Räder Ihrer Familie sind über die Hausratversicherung versichert, wenn sie aus einem verschlossenen Raum gestohlen werden, also etwa aus dem abgeschlossenen Kellerraum oder aus der Garage. Anders ist es jedoch, wenn ein Rad an der Straße abgestellt wird, im Hof oder vor dem Supermarkt. Dann greift der Schutz der Hausratversicherung nicht ohne Weiteres. Nur in einigen teuren Komfort- oder Premiumtarifen ist die Fahrraddeckung automatisch enthalten. Bei anderen Tarifen ist es nötig, den Schutz vor Fahrraddiebstahl außerhalb der Wohnung gegen einen Zusatzbeitrag mit abzuschließen. Häufig ist es möglich, diesen Zusatzschutz für Räder bis zu einem bestimmten Anteil der Gesamtversicherungssumme zu vereinbaren, zum Beispiel bis zu 10 Prozent. Bei einer Versicherungssumme von 50 000 Euro wären das bis zu 5 000 Euro. Überlegen Sie gut, wie hoch der Schutz sein sollte – gerade als Familie mit mehreren Rädern oder wenn ein E-Bike im Schuppen steht.

Lassen sich Ihre Räder über die Hausratversicherung nicht ausreichend hoch versichern oder ist Ihnen der Zusatzschutz zu teuer – das Extra kann gerade in beliebten Fahrradstädten kostspielig werden –, sollten Sie sich nach einer speziellen Fahrradversicherung umsehen. Mehr dazu im nächsten Absatz.

Auch den Schutz Ihrer technischen Geräte sollten Sie prüfen: Grundsätzlich sind über die Hausratversicherung Schäden durch Blitzschlag versichert. Das gilt aber nur, wenn der Blitz direkt ins Haus einschlägt und auf diesem Weg Fernseher, PC oder Musikanlage beschädigt. Dabei ist das Risiko, dass der Blitz in die Überlandleitungen einschlägt und dadurch technische Geräte beschädigt werden, deutlich größer. Solche Überspannungsschäden sind zwar bei einigen Policen ebenfalls abgedeckt, doch nicht bei allen. Dann müssten Sie diesen Schutz zusätzlich mit vereinbaren.

Sie können zum Beispiel Überspannungsschäden in Höhe von 10 Prozent der vereinbarten Versicherungssumme mit absichern.

Elementarschutz extra vereinbaren

Ihr Hausrat ist zwar gegen Sturmschäden oder Schäden durch Leitungswasser geschützt, aber nicht, wenn beispielsweise der nahe gelegene Fluss über die Ufer tritt und die vollen Bücherkisten im Keller zerstört. Die Kisten gehören zwar zum Hausrat, werden von Ihrer Versicherung aber nicht automatisch ersetzt, denn den Schutz vor Schäden durch Hochwasser und andere Elementarereignisse wie Erdrutsch oder Erdbeben müssen Sie separat mit dem Hausratversicherer vereinbaren (siehe auch „Sicheres Eigenheim", weiter unten).

Spezielle Fahrradversicherung

Eine separate Fahrradversicherung ist sinnvoll, wenn Sie ein hochwertiges Fahrrad oder E-Bike besitzen. Vor allem wenn Sie es täglich nutzen oder längeren Touren damit fahren. Auch in Regionen mit hohe Diebstahlquote kann sich so eine Versicherung lohnen. Dabei empfiehlt es sich, viele Tarife zu vergleichen. Denn die preislichen Unterschiede können ganz erheblich sein.

Dabei lassen sich drei Arten einer speziellen Fahrradversicherung unterscheiden:

➔ **Diebstahlschutz:** Gute Tarife bieten eine Neuwertentschädigung über mehrere Jahre für das gesamte Rad und seine Einzelteile. Top-Tarife (siehe „Empfehlenswerte Tarife") sogar eine unbegrenzte Neuwertentschädigung. Bei guten Tarifen müssen Sie aufwendigen Sicherheitsauflagen erfüllen, ein einfaches Fahrradschloss reicht aus. Und Sie bekommen auch Geld zurück, wenn nur Teile gestohlen wurden.

➔ **Fahrrad-Kaskoversicherung:** Die hilft nicht nur bei Diebstahl, sondern auch bei Unfällen, Stürzen und sogar Verschleiß. E-Bikes sind gegen Schäden am Akku durch Feuchte oder Kälte versichert.

➔ **Fahrradschutzbrief:** Die Leistungen sind oft in der Kaskoversicherung enthalten, lassen sich aber auch separat vereinbaren. Der Schutz umfasst Hilfe bei Pannen und Unfällen. Bahn- oder Taxikosten nach einer Panne werden ebenso übernommen wie die Pannenhilfe, die Kosten für ein Leihrad und Hotelübernachtungen.

Empfehlenswerte Tarife

Bei unserem Test im Februar 2025 schnitten beim Diebstahlschutz Signal Iduna, Huk Coburg, Huk24, VRK und Andsafe sehr gut ab. Dabei ist Signal Iduna in Gebieten mit hohem Risiko besonders günstig, während Huk24 in Gebieten mit niedrigem Risiko punkten kann. Beim Kasko-Schutz bekamen die Tarife von Huk Coburg, Huk24 und VRK die Bestnote. Diese Anbieter fragen in der Regel auch nicht nach Vorschäden.

Fast alle sehr guten Diebstahlversicherungen aus unserem Test nehmen auch ältere Räder ohne Altersbegrenzung auf (Ausnahme: Andsafe). Im Übrigen lohnt ein genauer Vergleich. Die Preisunterschiede sind erheblich. Dabei hängen sie auch vom Fahrradtyp ab (Trekkingrad, E-Bike, Lastenrad) und vom Wohnort.

Sicheres Eigenheim

Wenn Sie nicht zur Miete wohnen, dann ist eine Wohngebäudeversicherung dringend anzuraten. Bei einer Eigentumswohnung ist es sogar gesetzlich vorgeschrieben, dass die Eigentümergemeinschaft so eine Versicherung abschließt (§ 21 Abs. 5 Nr. 3 Wohnungseigentumsgesetz).

Die Versicherung zahlt bei Schäden durch Brand, Blitzschlag, Explosion und

UNSER RAT

Wohngebäudeversicherung

Bedarf und Leistungen. Den Schutz einer Wohngebäudeversicherung benötigt jeder Immobilienbesitzer. Der Versicherer kommt für Schäden auf, die durch Feuer, Leitungswasser oder Sturm und Hagel am Eigenheim entstehen.

Die Besten im Test. Die Stiftung Warentest hat zuletzt im Herbst 2025 Wohngebäudeversicherungen untersucht. Die Preise für den Versicherungsschutz unterscheiden sich zum Teil sehr deutlich und hängen vom Wert der Immobilie, ihrer Lage und vom Anbieter ab. Testsieger war zum dritten Mal in Folge der Tarif „Home Max" der GEV.

Bei Neuabschluss. Vergleichen Sie mehrere Angebote. Vermeiden Sie Unterversicherung.

Bei vorhandenem Vertrag. Stocken Sie den bisherigen Schutz auf, wenn Ihnen wichtige Extras fehlen oder wenn Ihnen die Leistungen zu niedrig erscheinen. Kündigen Sie einen laufenden Vertrag erst, wenn Sie neuen Schutz sicher in der Tasche haben.

Folgeschäden wie Ruß oder Löschwasser, Sturm (ab Windstärke 8) und Hagel, Leitungswasser (Rohrbruch, Frostschäden, austretendes Wasser aus Installationen) und Überspannungsschäden (nach Blitzeinschlag).

Gegen Starkregen, Überschwemmung, Lawinen, Erdbeben und andere „Elementarschäden" sind Sie jedoch im „Grundschutz" nicht versichert. Die müssen Sie durch den Zusatz „Elementarschutz" extra versichern. Und genau das empfehlen wir Ihnen. Denn im Zuge des Klimawandels treten immer häufiger Starkregenfälle auf. Fehlt Ihnen dieser Schutz, sollten Sie ihn dazubuchen oder Sie wechseln und schließen einen Vertrag, in dem er enthalten ist. Bislang ist nur jedes zweite Wohngebäude auf diese Weise abgesichert. Vor allem in älteren Verträgen ist der Elementarschutz häufig nicht enthalten.

Wie viel die Versicherung kostet, hängt nicht nur von den Leistungen ab, sondern auch von der Größe des Gebäudes, seinem Alter, seiner Ausstattung und seiner Lage. Die Versicherungswirtschaft hat ein einheitliches „Zonierungssystem für Überschwemmung, Rückstau und Starkregen" (kurz ZÜRS) entwickelt, in dem das Risiko für solche Schäden eingeschätzt wird. Befindet sich Ihr Gebäude in einem Hochrisikogebiet (ZÜRS Zone 4), kann es schwierig oder sehr teuer werden, einen Elementarschutz zu bekommen.

Können Sie zu einem akzeptablen Preis den Zusatzschutz bekommen, achten Sie darauf, dass Sie alle Vorgaben des Versicherers erfüllen und dass Schäden durch Rückstau inbegriffen sind. Rückstau entsteht, wenn Starkregen die Kanalisation überlastet und wenn Wasser aus Ableitungsrohren des Gebäudes durch Regen oder Überschwemmung in das Haus gelangt. Prüfen Sie, ob der Versicherer in seinen Bedingungen vorgibt, dass eine Rückstauklappe eingebaut sein muss. Erfüllen Sie diese Vorgabe nicht, gehen Sie leer aus, wenn die Kanalisation überlastet ist und Ihr Keller daraufhin überflutet wird.

Je nach Anbieter können die Preisunterschiede gewaltig sein. Bei unserem Test Anfang 2025 gab es einen sehr guten Vertrag mit Elementarschutz schon für 442 Euro (DEMA Wohngebäude Exclusiv), teure Tarife waren für das gleiche Objekt drei- bis viermal so teuer! Dabei zeigt der Preistrend insgesamt deutlich nach oben. Günstiger wird diese Versicherung nicht.

Beim Abschluss sollten Sie darauf achten, dass die Versicherungssumme ausreichend hoch ist und dem Wert Ihrer Immobilie entspricht. Am besten lassen Sie den Wert vom Versicherer bestimmen. Dafür gibt es unterschiedliche Verfahren: Wohnflächentarife und Tarife, bei denen der Versicherer anhand von Preisindizes den Neubauwert ermitteln will. In jedem Fall wichtig: Bauen Sie Ihr Haus um oder gar an, müssen Sie das Ihrer Versicherung mitteilen. Denn dadurch wird der Neubauwert im Allgemeinen erhöht.

Die Wohngebäudeversicherung ist eine gleitende Neuwertversicherung. Das bedeutet, dass es keine feste Leistungsobergrenze gibt. Die Summe, die der Versicherer im Schadensfall zahlt, wird ständig an den aktuellen Neubauwert der Immobilie angepasst. Damit ist sichergestellt, dass Sie etwa bei einem Totalschaden nach einem Brand so viel Geld bekommen, dass Sie Ihr Haus am gleichen Standort zu den aktuellen Preisen wieder aufbauen können.

AUSFÜLLHINWEIS

→ S. 133

Formular J
Checkliste Wohngebäudeversicherung

Mithilfe unserer Checkliste im Formularteil können Sie sich einen Überblick über die Leistungen Ihres bestehenden Vertrags oder eines neuen Angebots für eine Wohngebäudeversicherung verschaffen. Fehlen bestimmte Extras oder ist Ihnen der jeweilige Schutz in Ihrer bisherigen Versicherung zu niedrig, fragen Sie beim Anbieter nach, ob und zu welchen Konditionen Sie aufstocken können. Oder schauen Sie sich gleich nach einem neuen Angebot um. Die Ergebnisse aus dem jüngsten Test der Stiftung Warentest finden Sie unter test.de, Suchbegriff „Wohngebäudeversicherung". Kündigen Sie Ihren laufenden Vertrag aber erst, wenn Sie den neuen Schutz haben.

Viel Licht und viel Schatten

Unser Test Anfang 2025 brachte ein sehr uneinheitliches Ergebnis. Von 189 Tarifen, die wir untersucht haben, bekamen 100 die Note „Sehr gut". Zugleich fielen 58 mit der Note „Mangelhaft" durch. Zu den sehr gut getesteten und günstigen Policen gehören DEMA, Neuendorfer, WGV, Degenia, DEVK, Barmenia, Europa, GEV, GVV, HDI, Huk Coburg und Huk24. Allerdings gibt es noch viele weitere sehr gute Policen. Nicht weniger als 18 mal vergaben wir die Bestnote 0,6! Und 36 mal die Note 0,7.

Bei den Versicherern schlagen übrigens die Leitungswasserschäden am stärksten zu Buche, wobei nicht nur Wasserleitungen, sondern auch Heizungsrohre betroffen sind. Fast jeder zweite Haushalt hatte in den vergangenen 10 Jahren einen Wasserschaden. Brände sind glücklicherweise selten. Doch treten sie auf, richten sie oft verheerende Schäden an.

Sehr gute Tarife bieten eine ganze Reihe zusätzlicher Leistungen und günstiger Konditionen. Wie bei der Hausratversicherung sollten Sie darauf achten, dass auch Schäden versichert sind, die „grob fahrlässig" verursacht. So etwas kann einem leichter unterlaufen, als man annimmt. Etwa wenn Sie einen Kochtopf auf der heißen Herdplatte vergessen oder Adventskerzen unbeaufsichtigt lassen. Dabei sollten Sie darauf achten, dass auch solche Fälle mit der vollen Versicherungssumme abgedeckt sind und nicht etwa begrenzt werden.

Die Pflichten der Versicherten

Auch wenn Ihnen Ihr Versicherer „grob fahrlässiges" Verhalten durchgehen lässt, so haben Sie als Versicherte eine Reihe von Pflichten, die Sie nicht vernachlässigen dürfen. Dazu gehört die Pflicht, das Gebäude ausreichend zu beheizen, die „wasserführenden Anlagen" instandzuhalten. Und eine Mitteilungspflicht, wenn sich der Wert des Gebäudes erhöht, wenn das Schadensrisiko zunimmt und wenn das Gebäude länger als 90 Tage nicht bewohnt wird. Ignorieren Sie diese Pflichten, riskieren Sie Ihren Versicherungsschutz.

Zu den Leistungen, die sehr gute Wohngebäudeversicherungen gewähren, gehören Abbruch- und Aufräumkosten, wenn nach einem Brand Restmauern abgetragen und Bauschutt abgetragen werden muss. Dekontamination von Erdreich, Transport- und Lagerkosten sowie Mehrkosten infolge von höheren Baustandards und strengeren behördlichen Auflagen. Auch übernehmen manche Versicherungen Hotelkosten, wenn Ihr Haus unbewohnbar geworden ist, und die Kosten für einen Sachverständigen.

Sicherheit schon in der Bauphase

Wenn Sie Ihre Immobilie nicht fertig kaufen, sondern erst noch bauen (lassen), sollten Sie sich bereits deutlich vor dem Einzug Gedanken über Versicherungen machen. Sobald Ihr Bauprojekt läuft, benötigen Sie Versicherungsschutz, etwa eine Bauherrenhaftpflichtversicherung oder eine Feuerversicherung für den Rohbau („Für Immobilienbesitzer und Bauherren", S. 22).

Wärmepumpe und Photovoltaik

Ist Ihre Immobilie mit einer Wärmepumpe oder einer Photovoltaik-Anlage ausgestattet, so sind die in der Regel mitversichert. Allerdings sind dabei nur Schäden durch die versicherten Ursachen abgedeckt: Brand, Blitzschlag, Sturm, Überschwemmung und andere Elementarschäden. Für andere Risiken wie Vandalismus, Bedienfehler, Tierbisse oder Diebstahl brauchen Sie zusätzlichen Schutz. Den können Sie bekommen, wenn Sie zu Ihrer Wohngebäudeversicherung einen entsprechenden Zusatzbaustein hinzubuchen. Dabei bieten Huk Coburg und Huk24 den günstigsten Tarif: Für eine Wärmepumpe zahlen Sie 19 Euro pro Jahr (Test August 2024), für eine Photovoltaik-Anlage 35 Euro (Test Anfang 2025). Bei anderen, auch empfehlenswerten Versicherern müssen Sie teils deutlich mehr rechnen. Außerdem sehen die meisten Versicherungen eine Selbstbeteiligung von 150 oder 250 Euro pro Schadensfall vor. Bemerkenswerterweise verzichten Huk Coburg und Huk24 bei ihren Zusatzbausteinen auf eine Selbstbeteiligung.

Integrierter Zusatzschutz

Manche Anbieter wie die Arag, GEV und ein bestimmter Tarif der Allianz bieten bereits in ihrer Wohngebäudeversicherung einen umfangreichen Schutz für Wärmepumpe oder Photovoltaik-Anlage. Doch müssen Sie die Installation einer solchen Anlage Ihrem Versicherer melden, da sie den Wert Ihrer Immobilie erhöhen. Das gilt im Übrigen auch, wenn Sie für Wärmepumpe oder Photovoltaik-Anlage nur den Grundschutz Ihrer Wohngebäudeversicherung in Anspruch nehmen. Durch die Wertsteigerung kann es allerdings zu höheren Beiträgen kommen.

Ist kein passender Schutz als Baustein Ihrer Wohngebäudeversicherung verfügbar, können Sie beide Anlagen in einer separaten Versicherung schützen, etwa die Wärmepumpe bei der Signal Iduna für 70 Euro im Jahr. Bei separaten Policen fällt im Schadensfall immer eine Selbstbeteiligung an.

Unser Rat lautet, Wärmepumpe oder Photovoltaikanlage möglichst innerhalb der Wohngebäudeversicherung abzusichern –

entweder integriert oder als zusätzlicher Baustein. Sonst müssen Sie sich im Schadensfall womöglich mit unterschiedlichen Anbietern auseinandersetzen, um zu klären, wer wofür aufkommen muss.

Wir empfehlen einen Mindestschutz für Schäden von 25 000 Euro (bei teureren Anlagen entsprechend mehr). Dabei sollten die folgenden Risiken abgedeckt sein: Brand, Blitzschlag, Elementargefahren, Wasser-, Feuchtigkeits-, Frost- und Eisschäden, grobe Fahrlässigkeit, Bedienungsfehler, Konstruktions-, Material- oder Ausführungsfehler, Ertragsausfälle, Diebstahl, Vandalismus, Tierbisse sowie Schäden durch Kurzschluss, Überstrom und Überspannung.

Stromspeicher sind meist mitversichert. Nicht versichert sind jedoch Balkonkraftwerke, freistehende Anlagen und Solarthermie-Anlagen.

Schutz bei Rechtsstreitigkeiten

Eine Rechtsschutzversicherung ist sinnvoll, um sich im Streitfall fachliche Unterstützung durch einen Anwalt zu sichern, ohne dafür tief in die eigene Tasche greifen zu müssen.

Ob nach einem Verkehrsunfall, im Umgang mit Behörden oder bei Streitigkeiten mit Handwerkern oder dem Arbeitgeber: Im Alltag gibt es viele Situationen, in denen Sie als Laie vermutlich froh sind, wenn Sie einen Rechtsanwalt um Rat fragen und sich vom ihm vertreten lassen können.

Beispiel Verkehrsunfall: Für welche Kosten muss die Kfz-Haftpflichtversicherung des Fahrers aufkommen, der an der Ampel auf Ihren Wagen aufgefahren ist? Wie lange steht Ihnen ein Ersatzfahrzeug zu? Wie steht es mit Schmerzensgeld oder – je nach Schwere der Verletzung – mit weit größeren Ansprüchen, etwa einer lebenslangen Rente? Hier ist es hilfreich, wenn Sie ein Rechtsanwalt im Umgang mit der Polizei, dem Haftpflichtversicherer des Unfallgegners und der eigenen Versicherung unterstützt. Haben Sie eine Verkehrsrechtsschutzversicherung, müssen Sie die Ausgaben für den Rechtsanwalt nicht selbst zahlen. Der Versicherer trägt die Kosten für den Anwalt und für eine mögliche Gerichtsverhandlung. Sie springt häufig auch ein, wenn Sie nicht auf einer Straße in Deutschland, sondern im Ausland in einen Unfall verwickelt wurden.

Verkehrsrechtsschutz sinnvoll für jeden Verkehrsteilnehmer

Der Gedanke mag naheliegen: Eine Verkehrsrechtsschutzversicherung braucht doch nur, wer Auto, Motorrad oder ein anderes Kraftfahrzeug fährt – wenn ich kein Fahrzeug habe, benötige ich keinen Vertrag, oder doch?

Auch ohne Auto ist Verkehrsrechtsschutz sinnvoll. Denn jeder nimmt am Straßenverkehr teil und kann in einen Unfall verwickelt werden. Gerade Fußgänger oder Radfahrer kann ein Unfall schwer treffen, in dessen Folge es zum Streit um Schmerzensgeld oder Verdienstausfall kommt. Das kann teuer werden. Deshalb ist der Verkehrsrechtsschutz auch sinnvoll, wenn Sie kein Kraftfahrzeug haben. Versichert sind Sie nicht nur als Fahrer, sondern auch als Fußgänger, Radler und Fahrgast in öffentlichen Verkehrsmitteln wie Bus und Bahn.

Schutz bei Alltagsstreitereien

Auch in anderen Lebensbereichen abseits des Straßenverkehrs kann es hilfreich sein, wenn Sie sich Rechtsrat einholen, um mit dem Gegenüber auf Augenhöhe zu streiten – zum Beispiel, wenn es um Haus und Wohnung geht: wenn etwa Ihr Vermieter beim Auszug die Kaution nicht erstatten will oder wenn ein Handwerker die Arbeiten an Ihrem Haus nicht zu Ihrer Zufriedenheit ausgeführt hat.

Für solche Streitigkeiten kann eine Rechtsschutzversicherung sinnvoll sein, aber nur unter der Voraussetzung, dass der Versicherer die Ausgaben für den Anwalt und mögliche Prozesskosten tatsächlich übernimmt. Denn der Haken bei der Rechtsschutzversicherung ist, dass es es im Kleingedruckten immer Ausschlüsse gibt, die Sie sich genau anschauen sollten. So sind etwa Klagen rund um den Bau oder Kauf einer neuen Immobilie oft nicht über die Rechtsschutzversicherung abgedeckt. Häufig dauern die Gerichtsverfahren zwischen dem Bauherrn und dem Handwerker oder Bauherrn und Architekt sehr lange und sind teuer, sodass viele Versicherer solche Streitigkeiten vom Schutz ausnehmen. Das bedeutet, dass Sie zum Beispiel die Ausgaben für eine Auseinandersetzung mit einer Baufirma, die nicht nach Ihren Wünschen gearbeitet hat, im Normalfall selbst zahlen müssen.

Etwas besser stehen Ihre Chancen auf Rechtsschutz, wenn Sie zum Beispiel eine Bestandsimmobilie kaufen, in die Sie selbst einziehen wollen. Wenn Sie etwa erst nach dem Kauf eines Hauses feststellen, dass es einmal Hausschwamm gegeben hat, den der Vorbesitzer verschwiegen hat, würden Sie Unterstützung von Ihrem Rechtsschutzversicherer bekommen, wenn Sie gegen den Vorbesitzer klagen.

Weitere typische Ausschlüsse sind Vorsatz, schwere Straftaten, Abwehr von Schadenersatzansprüchen (das Einfordern von Schadenersatz ist hingegen versichert), riskante Kapitalanlagen sowie Familien- und Erbrecht (hier wird meist nur eine Erstberatung erstattet; manche Versicherungen übernehmen einen Teil der Kosten).

Komplettpakete für die ganze Familie

Auf der Suche nach einer Rechtsschutzversicherung finden Sie unter anderem Komplettpakete, die für die Lebensbereiche Privates, Beruf und Verkehr (PBV) Schutz bieten. Der Umfang der Leistungen und die Beiträge für diese Pakete unterscheiden sich zum Teil deutlich. Dabei ist die Höhe der Tarife abhängig vom Wohnort. So ist das günstigste, mit „gut“ (2,4) bewertete PBV-Standardpaket der Huk-Coburg bereits für 185,32 Euro zu haben. Andernorts kostet es 332,60 Euro (Stand November 2025). Dort ist der Tarif der WGV günstiger.

Und noch etwas sollten Sie im Auge behalten, nämlich das Thema Selbstbehalt.

Beim eben erwähnten Tarif der Huk-Coburg beträt der Selbstbehalt 300 Euro pro Schadensfall. Bei einem Selbstbehalt von 150 Euro ist der Jahresbeitrag höher, er liegt dann zwischen 238,90 und 434,48 Euro.

Testsieger wurde der Tarif „Optimal" der WGV. Diese Rechtsschutzversicherung war die einzige, die wir mit „Sehr gut" bewertet haben. Und das liegt daran, dass sie den umfassendsten Schutz bei Rechtsstreitigkeiten bietet. Dieser Tarif kostet je nach Wohnort zwischen 327 und 392 Euro. Hier liegt die Selbstbeteiligung bei 150 Euro. Und genau das empfehlen wir auch. Denn die Tarife ohne Selbstbeteiligung sind erheblich teurer. Aus unserer Sicht bekommen Sie hier das beste Preis-Leistungsverhältnis.

Zum PBV-Standardtarif können Sie weitere Leistungsbereiche „hinzukaufen". Zum Beispiel den Baustein Wohnen, der sowohl Mietrechtsschutz als auch Schutz für Wohneigentümer umfasst - nicht jedoch für Vermieter. Beim Testsieger „Optimal" der WGV gibt es diese Ergänzung für einen Zusatzbeitrag zwischen 56 und 62 Euro (abhängig vom Wohnort). Bei der Huk-Coburg kostet der Baustein 58 Euro.

Mit einem umfangreichen „Familienpaket" sind Ehepartner und Kinder mitversichert. Partner ohne Trauschein können Sie ebenfalls mit aufnehmen, meist müssen Sie sie aber separat in die Rechtsschutz-Police eintragen lassen. Dabei sollten Sie beachten, dass auch im Familienpaket die typischen Familienstreitigkeiten (Scheidung, Sorgerecht, Erbschaft) ausgeschlossen sind oder nur ein Zuschuss vorgesehen ist.

In einigen Bereichen gibt es markante Unterschiede zwischen den Tarifen, zum Beispiel bei Streitigkeiten mit dem Finanzamt. Einige Versicherer zahlen bereits während des Einspruchsverfahrens – wenn Sie sich also nach Erhalt des Steuerbescheids Hilfe von einem Fachanwalt für Steuerrecht holen. Andere zahlen erst, wenn das ganze Verfahren vor Gericht geht.

Alte Verträge oftmals besser

Wichtig ist noch eine Besonderheit: Bei vielen Versicherungsarten geben wir den Tipp, nach neuen Angeboten zu suchen, wenn Sie Ihren derzeitigen Vertrag schon vor mehreren Jahren abgeschlossen haben. Bei der Rechtsschutzversicherung ist das etwas anders: Manche neuen Angebote haben schlechtere Vertragsbedingungen als die Altverträge. Dann ist es sinnvoll, wenn Kunden ihren Vertrag behalten.

In vielen älteren Verträgen gibt es beispielsweise keinen Ausschluss für Kapitalanlagestreitigkeiten, was sich bei Auseinandersetzungen im Zusammenhang mit risikoreichen Kapitalanlagen als günstig erweisen kann. Ob solche Streitigkeiten abgedeckt sind, kommt jeweils auf den Tarif und die Kapitalanlage an.

Nicht nur Sie können kündigen – der Versicherer auch

Zu oft dürfen Sie sich nicht auf Ihre Rechtsschutzversicherung verlassen. In den Vertragsbedingungen steht in der Regel, dass der Versicherer den Vertrag außerordentlich kündigen darf, wenn Sie den Schutz zweimal innerhalb von zwölf Monaten in Anspruch nehmen. In einer solchen Lage kann es zudem schwierig werden, eine neue Versicherung abzuschließen, denn der neue Versicherer wird fragen, wer den Vertrag gekündigt hat – Sie oder der vorherige Versicherer? Um diese heikle Situation zu umgehen, sollten Sie überlegen, ob Sie dem Versicherer vielleicht zuvorkommen können und von sich aus Ihre aktuelle Rechtsschutzversicherung kündigen.

Sicher unterwegs im Straßenverkehr

Für Verkehrsteilnehmer sind einige Versicherungen Pflicht – nicht nur, wenn sie mit dem Auto unterwegs sind.

Wenn Sie zu Fuß, mit dem Fahrrad oder auf Inlineskates im Straßenverkehr unterwegs sind, sind Sie mit einer Privathaftpflichtversicherung gut abgesichert für den Fall, dass Sie einen Unfall verursachen: Der Haftpflichtversicherer kommt für die Schäden auf, die Sie anderen Verkehrsteilnehmern unbeabsichtigt zufügen.

Doch längst sind es nicht mehr nur die konventionellen Fahrräder, die sich im Straßenverkehr tummeln: Neben Autos, Lkw und öffentlichen Verkehrsmitteln sind immer mehr E-Bikes und inzwischen auch E-Scooter (Elektro-Tretroller) unterwegs. Wer sich für eines dieser Verkehrsmittel entscheidet, muss sich etwas mehr Gedanken über den Versicherungsschutz machen.

Bei den E-Bikes kommt es darauf an, um was für ein Fahrrad es sich handelt. Wählen Sie ein Pedelec, bei dem der Elektromotor nur läuft, wenn Sie selbst treten und nicht schneller als 25 Kilometer pro Stunde sind, reicht meist der Schutz der Privathaftpflichtversicherung aus – der Versicherer behandelt das Pedelec wie ein normales Fahrrad und springt ein, wenn Sie jemand anderem einen Schaden zufügen. Achten Sie aber darauf, dass Ihre Privathaftpflichtversicherung die Deckungserweiterung für Pedelecs beinhaltet.

Entscheiden Sie sich hingegen für ein E-Bike, das auch ohne Muskelkraft gefahren werden kann, brauchen Sie zusätzlichen Schutz: In dem Fall ist Ihr Rad versicherungstechnisch ein Mofa und benötigt somit ein Versicherungskennzeichen, das Sie direkt bei der Versicherung bekommen. Die damit verbundene Haftpflichtversicherung ist wie bei Autos oder Lkw Pflicht. Für Elektrofahrräder, die auch ohne Muskelkraft fahren, kann eine zusätzliche Teilkaskoversicherung sinnvoll sein.

Wollen Sie Ihr Pedelec gegen Diebstahl oder Beschädigung versichern, ist dies über die Hausratversicherung möglich. Voraussetzung ist, dass das Rad aus Ihrer Wohnung oder dem abgeschlossenen Fahrradkeller gestohlen oder bei einem Einbruch oder durch Feuer beschädigt wird.

Um auch außer Haus geschützt zu sein, brauchen Sie eventuell einen Fahrradzusatz in Ihrer Hausratversicherung (siehe „Fahrräder, PC, Fernseher", S. 60). Dieser Fahrradschutz versichert Ihr Rad dann auch auf der Straße. Achten Sie beim Abschluss darauf, dass Sie auch in der Zeit zwischen 22 und 6 Uhr den gewünschten Schutz haben.

Wollen Sie Ihr Pedelec gegen Vandalismus und Teildiebstahl schützen, kann eine spezielle Fahrradversicherung (siehe S. 61) sinnvoll sein. Und: Anders als für Pedelecs gilt für die seit Sommer 2019 zugelassenen E-Scooter (Tretroller mit Elektroantrieb) eine Versicherungspflicht.

Extraschutz für E-Autos

Bei Elektroautos können Probleme auftauchen, die es bei Verbrennern nicht gibt. Wichtig ist dabei vor allem der Akku. Er sollte mindestens 24 Monate lang zum Neuwert versichert sein. In der Teilkasko sollten auch Folgeschäden durch Tierbisse oder einen Kurzschluss mit mindestens 20 000 Euro abgedeckt sein.

Schutz für das Auto

Bevor Sie Ihr Auto im Straßenverkehr nutzen können, müssen Sie sich um Haftpflichtschutz kümmern. Der Kfz-Haftpflichtversicherer übernimmt nach einem mit dem Fahrzeug verursachten Unfall die Schadenersatzzahlungen an die Unfallopfer und kommt für Personen-, Sach- und Vermögensschäden auf. Per Gesetz gilt eine Mindestdeckung von 7,5 Millionen Euro für Personenschäden, 1 Million Euro für Sachschäden und 50 000 Euro für Vermögensschäden.

Die Kfz-Versicherer gehen aber in aller Regel deutlich über diese Mindestversicherungssummen hinaus und bieten häufig Deckungssummen von 100 Millionen oder zumindest 50 Millionen Euro für Sachschäden an. Die Deckungssummen für Personenschäden liegen häufig bei 8, 10 oder 15 Millionen Euro. Es ist ratsam, sich für einen Tarif mit höheren Deckungssummen zu entscheiden. Die Tarife sind in der Regel nicht viel teurer als die Angebote, die nur die gesetzlich vorgegebenen Summen decken.

Als Fahrzeughalter müssen Sie überlegen, ob und, wenn ja, welchen weiteren Versicherungsschutz Sie für Ihr Fahrzeug wollen. Sie können zusätzlichen Kaskoschutz abschließen – Teil- oder Vollkasko.

Wählen Sie die Teilkasko, kommt der Versicherer für Schäden durch Brand, Explosion, Diebstahl, Raub, Elementarereignisse wie Sturm, Hagel und Überschwemmungen sowie für Schäden durch Kollision mit Haarwild oder weiteren Tieren auf. Er zahlt auch für Glasschäden, etwa bei einem Riss in der Scheibe nach einem Steinschlag.

Wählen Sie den Vollkaskoschutz, haben Sie zusätzlich Anspruch auf weitere Leistungen. Der Versicherer kommt dann zum Beispiel nach einem selbst verschuldeten Unfall für Schäden am eigenen Auto auf und übernimmt Schäden durch Vandalismus.

UNSER RAT

Kfz-Versicherung

Bedarf und Leistungen. Jeder Fahrzeughalter benötigt eine Kfz-Haftpflichtversicherung. Je nach Alter und Zustand des Fahrzeugs ist zusätzlicher Kaskoschutz (Voll- oder Teilkaso) sinnvoll. Der Versicherer zahlt für Schäden, die jemand anderem durch die Benutzung des Fahrzeugs entstehen. Wenn Sie zusätzlich Kaskoschutz haben, kommt er für weitere Schäden am eigenen Fahrzeug auf, etwa durch Diebstahl, Feuer und Sturm.

Die Besten im Test. Die Stiftung Warentest ermittelt jedes Jahr neu günstige Tarife für verschiedene Modellkunden. Dabei können sich gewaltige Preisunterschiede ergeben. Im November 2025 gehörten CosmosDirect (Basis), Admiral Direkt (Komfort) und HUK24 (Classic) zu den günstigsten Haftpflicht-Tarifen. Bei den Versicherungen mit Teil- oder Vollkasko gibt es zahlreiche gute und günstige Tarife, zum Beispiel Cosmos (Comfort), DA Direkt (Komfort), HUK24 (Classic) und HUK Coburg (Classic). Aber Achtung: Versicherer, die im Test zu den günstigen gehören, können im individuellen Fall teurer sein. Eine umfangreiche, neutrale Analyse der für Ihr Fahrzeug geeigneten Versicherungen gibt es unter test.de/analyse-kfz (4,90 Euro, für Flatrate-Nutzer kostenlos) – inklusive Versicherungshinweise für Elektroautos.

Bei Neuabschluss. Beim Haftpflichtschutz sollten Sie auf den Beitrag, die Mallorca-Police und die Deckungssumme achten, beim Kaskoschutz auch die Leistungen genauer prüfen.

Bei vorhandenem Vertrag. Wenn Sie wechseln wollen, kündigen Sie rechtzeitig – meist ist der 30. November der entscheidende Stichtag. Kündigen Sie aber erst, wenn Sie einen neuen Vertrag sicher in der Tasche haben. Finden Sie ein günstigeres Angebot bei einem neuen Versicherer, konfrontieren Sie Ihren jetzigen Anbieter damit. Vielleicht gibt es noch Spielraum für Rabatte, wenn der Versicherer Sie halten will.

Welcher Kaskoschutz für wen?

Wir empfehlen die Vollkaskoversicherung für Neuwagen, teure Gebrauchte und E-Autos in den ersten drei Jahren und je nach Zustand des Fahrzeugs auch für weitere Jahre. Für die Teilkasko gilt, dass sie bei alten Wagen ab etwa zehn Jahren im Regelfall verzichtbar ist. Doch auch hier hängt es vom Zustand des Fahrzeugs und natürlich von Ihrem eigenen Sicherheitsbedürfnis ab, ob und wann Sie auf den Zusatzschutz verzichten wollen. Beachten Sie außerdem: Sind Sie viele Jahre unfallfrei gefahren, kann Vollkaskoschutz sogar günstiger sein als die Teilkasko-Versicherung.

Alter, Fahrzeug, Wohnort

Der Preis der Autoversicherung hängt von verschiedenen Faktoren ab, zum Beispiel von Ihrem Wohnort, vom Alter und der Anzahl der Fahrer, vom Fahrzeugtyp und von der Anzahl der gefahrenen Kilometer. Selbstbeteiligung und Werkstattbindung senken den Beitrag. Ebenso wird der Schutz in der Kfz-Haftpflicht und in der Vollkaskoversicherung günstiger, je länger Sie unfallfrei gefahren sind.

Hintergrund: Wenn Sie möglichst lange schaden- und unfallfrei fahren, erreichen Sie eine höhere Schadenfreiheitsklasse und zahlen entsprechend weniger Beitrag. Sobald Sie die Versicherung dann in Anspruch nehmen, können Sie einen Teil des bisherigen Rabatts verlieren, die Beiträge steigen. Genau deshalb kann es sich manchmal lohnen, zumindest kleinere Schäden aus eigener Tasche zu zahlen, um den Rabatt nicht aufs Spiel zu setzen. Ob es günstiger ist, den Schaden selbst zu zahlen oder nicht, kann der Versicherer Ihnen ausrechnen.

Wollen Sie nur die Kfz-Haftpflichtversicherung, ist der Preis entscheidend und die Versicherungssummen an. Wollen Sie zusätzlichen Kaskoschutz, empfiehlt sich ein Blick auf die Vertragsbedingungen. Ein etwas höherer Beitrag kann sich für viele durchaus lohnen. Klären Sie vor Vertragsabschluss zum Beispiel:

- ➔ Bis zu welchem Termin erstattet der Kaskoversicherer bei neuen Wagen den Neuwert und nicht nur den Wiederbeschaffungswert des Fahrzeugs?
- ➔ Zahlt der Versicherer den vollen Schaden, wenn Sie diesen grob fahrlässig verursacht haben, oder kürzt er die Leistung?
- ➔ Was kostet ein zusätzlicher Rabattschutz? Er kann dafür sorgen, dass Sie nach einem Unfall nicht gleich Ihren lang angesammelten Schadenfreiheitsrabatt verlieren.
- ➔ Sind nur Schäden durch Haarwild wie Rehe abgesichert oder auch durch andere Tiere, etwa Haustiere oder Fasane?
- ➔ Kommt der Versicherer unbegrenzt für Schäden durch Tierbisse auf oder gibt es hier Ausschlüsse?

Weiterer Schutz sinnvoll

Für alle Verkehrsteilnehmer ist eine Verkehrsrechtsschutzversicherung sinnvoll (siehe „Schutz bei Rechtsstreitigkeiten", S. 65). Als weitere Absicherung kann ein Schutzbrief interessant sein, den die Versicherer häufig als Ergänzung zur Kfz-Versicherung anbieten. Damit bekommen Sie vom Versicherer finanzielle und organisatorische Unterstützung bei einer Panne oder nach einem Unfall. Er kümmert sich etwa darum, dass ein Abschleppdienst kommt oder dass Sie vor Ort eine Übernachtungsmöglichkeit haben, wenn Sie Ihr Fahrzeug nicht gleich wieder nutzen können. Dieses Extra ist durchaus sinnvoll, doch prüfen Sie vorab, ob Sie vergleichbare Leistungen schon auf anderem Weg haben, etwa über die Mitgliedschaft im Automobilclub.

Mit dem richtigen Schutz verreisen

Sobald Sie sich auf den Weg ins Ausland machen, sollten Sie eine Auslandsreise-Krankenversicherung im Gepäck haben. Andere Verträge für den Urlaub können Sie sich oft sparen.

Wenn Sie gesetzlich krankenversichert sind und ins Ausland reisen, sollten Sie vorher unbedingt eine private Auslandsreise-Krankenversicherung abschließen. Aber auch diejenigen, die privat krankenversichert sind, sollten prüfen, ob sie ihren Versicherungsschutz ergänzen müssen.

Diese Versicherung kommt nicht nur für Medikamente und Behandlungskosten auf, wenn sie im Ausland erkranken oder sich verletzen. Sie zahlt auch für einen Rücktransport nach Deutschland. Teilweise werden auch die Begleitkosten für Angehörige übernommen.

Im Ausland oft kein kompletter Schutz

Zwar sind Sie als gesetzlich Versicherter auch im Ausland nicht schutzlos, doch übernehmen die Krankenkassen die Behandlungskosten nur innerhalb der EU und in Staaten, mit denen Deutschland ein Sozialversicherungsabkommen geschlossen hat (wie die Schweiz und die Türkei). Doch zahlen sie auch dann nur für Leistungen, die gesetzlich versicherten Bürgern in dem jeweiligen Land zustehen. In den USA, Kanada, Thailand und anderen beliebten Reiseländern außerhalb Europas zahlen die Krankenkassen gar nichts. Und für einen Rücktransport nach Deutschland müssten Sie vollständig selbst aufkommen, egal, aus welchem Land.

Ohne privaten Zusatzschutz müssen Sie zumindest einen Teil der Kosten selbst tragen – wenn der Arzt vor Ort Sie wie einen Privatpatienten behandelt. Oder Sie müssten sogar alles zahlen, nicht nur den Arztbesuch, sondern auch eine dringende OP und den begleiteten Flug zurück nach Deutschland: Je nach Reiseland und Schwere der Erkrankung fallen leicht Ausgaben von einigen Tausend oder sogar Zehntausend Euro an, die die eigene Krankenkasse nicht trägt. Der Rücktransport ist dabei besonders kostspielig.

Auch wenn Sie in Deutschland privat krankenversichert sind, sollten Sie vor Ihrem Urlaub aktiv werden: Klären Sie, ob und in welchem Umfang Ihr Versicherer die Ausgaben für Behandlungen im Ausland und einen möglichen Rücktransport nach Deutschland zahlen würde. Fehlt dieser Schutz, sollten Sie eine zusätzliche Police für die Auslandsreise abschließen.

Günstiger Jahresbeitrag

Eine Auslandsreise-Krankenversicherung gibt es vergleichsweise günstig. Einzelreisende bekommen sehr guten Schutz schon für unter 10 Euro, Familien können sich für weniger als 30 Euro Jahresbeitrag sehr gut absichern. Über diese Verträge sind Sie dann innerhalb eines Jahres sooft Sie wollen für je nach Tarif sechs bis zehn Wochen je Einzelreise abgesichert.

Wechsel kann sich lohnen

Wenn Sie bereits eine Auslandsreise-Krankenversicherung haben und wenn Sie diesen Vertrag vielleicht schon vor mehreren

UNSER RAT

Auslandsreise-Krankenversicherung

Bedarf und Leistungen. Eine Auslandsreise-Krankenversicherung braucht jeder, der gesetzlich krankenversichert ist, sobald er Deutschland verlässt. Eventuell benötigen auch Privatpatienten den zusätzlichen Schutz. Der Versicherer zahlt für die medizinische Versorgung im Ausland, wenn Sie dort erkranken. Er kommt auch für einen Rücktransport nach Deutschland auf.

Die Besten im Test. Die Unterschiede in den Leistungen sind sehr groß. Testsieger waren im November 2025 Ergo Direkt (Tarif RD), Hanse-Merkur (Tarif JRV) und Travelsecure. Sie kommen ohne Selbstbeteiligung aus und erhielten die Note „Sehr gut" (0,5). Die günstigsten noch mit „Sehr gut" (1,4) bewerteten Versicherungen sind die Nürnberger: 11,90 Euro für Einzelreisende, und LVM 26,90 Euro im Familientarif.

Bei Neuabschluss. Manche gesetzlichen Krankenkassen arbeiten mit einem privaten Versicherer zusammen. Wenn Sie dort den Vertrag abschließen, können Sie Rabatt bekommen. Achten Sie aber nicht nur auf den Beitrag, sondern auch auf die Leistungen.

Bei vorhandenem Vertrag. Gerade, wenn Sie Ihre Versicherung schon vor längerer Zeit abgeschlossen haben, kann es sich lohnen, nach einem neuen Angebot zu suchen. Bei vielen Versicherern sind die Vertragsbedingungen in den letzten Jahren besser geworden.

Jahren abgeschlossen haben, empfiehlt es sich, dass Sie einen Blick auf die aktuellen Angebote am Markt werfen. Die Vertragsbedingungen für diese Versicherungen sind in den vergangenen Jahren immer besser geworden. Aktiv werden sollten Sie auch, wenn Sie etwa Schutz über Ihre Kreditkarte haben oder aber über ein Versicherungspaket, das Sie bei Reisebuchung abgeschlossen haben: Schauen Sie nach, was diese Angebote bieten. Die Bedingungen sind häufig schlechter, sodass ein zusätzlicher Vertrag sinnvoll werden kann.

Auf die Formulierung kommt es an

Wollen Sie eine neue Reise-Krankenversicherung abschließen, nehmen Sie sich Zeit, um auf die genauen Bedingungen zu achten – kleine Unterschiede in den Formulierungen können eine Menge wert sein:

➜ Werden die Kosten für Behandlung und Transport unbegrenzt übernommen?

➜ Ist der Rücktransport nach Deutschland laut Bedingungen möglich, wenn er „medizinisch sinnvoll" ist und nicht erst, wenn er „medizinisch notwendig" ist?

➜ Verzichtet der Versicherer auf den Ausschluss einzelner Krankheiten?

➜ Werden Kosten für die Notfallbetreuung von Kindern und Jugendlichen bis 16 Jahren übernommen, wenn die Eltern ausfallen?

➜ Verzichtet der Versicherer auf eine Selbstbeteiligung?

➜ Verzichtet der Versicherer beim Thema Vorerkrankungen auf unklare Formulierungen wie „akute" oder „unvorhergesehene" Erkrankung?

➜ Sind Vorerkrankungen zumindest dann versichert, wenn sie sich während der Reise plötzlich verschlechtern?

➜ Sind auch Sportverletzungen versichert?

➜ Ist die Behandlung psychischer Erkrankungen eingeschlossen?

➜ Werden Such-, Rettungs- und Bergungskosten übernommen?

Können Sie möglichst viele dieser Fragen mit Ja beantworten, spricht das für den Tarif. Wenn Sie über die Kreditkarte Versicherungsschutz haben, sollten Sie klären, wer überhaupt versichert ist – nur der Karteninhaber oder auch die Familienangehörigen? Und sind die auch dann versichert, wenn sie ohne den Karteninhaber reisen? Gilt der Schutz auch für den Fall, dass die Reise nicht mit der Kreditkarte bezahlt wurde?

Altersgrenzen beachten

Senioren sollten bei der Suche nach einem Tarif genau hinsehen: Die Anbieter verlangen zum Teil deutliche Alterszuschläge. Hier lohnt es sich, vorab Bedingungen und Preise zu vergleichen. Auch Familien schauen am besten nach der Altersgrenze, denn über die Familientarife sind Kinder häufig bis 18 mitversichert, in manchen Tarifen aber auch deutlich länger.

Schutz für lange Reisen

Sobald Sie nicht nur ein paar Wochen im Ausland verbringen, sondern zum Beispiel ein halbes oder ganzes Jahr, kommen Sie mit den sehr günstigen Jahresverträgen nicht mehr hin. Sie benötigen dann Versicherungsschutz für die Einzelreise. Dieser Schutz kann je nach Reiseland und Reisedauer mehrere Hundert Euro kosten. Doch auch das zahlt sich im Schadensfall aus.

Wenn die Reise ausfallen muss

Im Urlaub Anspruch auf medizinische Versorgung zu haben, ist wichtig. Doch was, wenn die Grippe schon vor dem Abflug zuschlägt, wenn Sie wenige Tage vor Reisebeginn stürzen oder kurzfristig einen schwer verletzten Angehörigen betreuen müssen, sodass an den Urlaub nicht mehr zu denken ist? Stornokosten bis zu 80 Prozent des Reisepreises können dann auf Sie zukommen. Davor können Sie sich mit einer Reiserücktrittskostenversicherung schützen. Der Versicherer übernimmt etwa im Krankheitsfall die Stornogebühren komplett oder zahlt nach Abzug einer Selbstbeteiligung zumindest den Rest. Damit Sie auf der sicheren Seite sind, wenn sich die Grippe erst am Tag nach dem Abflug bemerkbar macht, sollten Sie einen Vertrag wählen, der auch Schutz für den Reiseabbruch bietet.

Sinnvoll ist zudem, dass Sie vor Vertragsabschluss nachsehen, bei welchen Anlässen neben Krankheit Sie noch Versicherungsschutz haben. Anlässe, die zur Versicherungsleistung führen, sind zum Beispiel Unfall, Tod oder große Schäden in der eigenen Wohnung, etwa nach Feuer oder Einbruch. Leistungen der Versicherung können Sie je nach Vertrag auch dann bekommen, wenn diese Ereignisse nicht Ihnen selbst oder einem Mitreisenden widerfahren sind, sondern Angehörigen wie Ehepartner, Kindern oder Enkeln, die zu Hause bleiben. Ein Blick ins Kleingedruckte kann da viel wert sein.

Mallorca-Tarif bei der Kfz-Versicherung

Wenn Sie im Ausland einen Mietwagen fahren, sollten Sie prüfen, ob Ihre Kfz-Haftpflicht (siehe Seite 69) den „Mallorca-Tarif“ abdeckt. Damit ist gemeint, dass die deutsche Haftpflicht die Versicherungssumme für den Mietwagen aufstockt. Denn in vielen Urlaubsländern sind die gesetzlich vorgeschriebenen Mindestdeckungssummen für Mietwagen sehr niedrig. Verursachen Sie einen Unfall, könnten Sie auf den Mehrkosten sitzen bleiben. Beim Mallorca-Tarif übernimmt sie Ihre Kfz-Haftpflicht. Diese Leistung ist mittlerweile Standard. Nur ältere Policen oder ganz spezielle Basistarife haben diesen Schutz noch nicht.

Fürs Alter vorsorgen

Der Abschluss einer klassischen privaten Renten- oder einer Kapitallebensversicherung lohnt sich heute häufig nicht mehr. Wenn Sie bereits einen Vertrag haben, sollten Sie ihn aber möglichst behalten.

Mehr als 46 Millionen Rentenversicherungen zählte der Gesamtverband der Deutschen Versicherungswirtschaft für das Jahr 2024, hinzukommen mehr als 30 Millionen weitere Versicherungen, die ebenfalls der Altersvorsorge dienen können wie die Kapitallebensversicherung.

Vor allem die Kapitallebensversicherungen waren lange Zeit eine gern und oft genutzte Möglichkeit, um eine größere Summe fürs Alter anzusparen. Viele dieser Verträge laufen immer noch. Besonders attraktiv war der Vertragsabschluss bis Ende 2004: Nicht nur, dass um die Jahrtausendwende die garantierte Verzinsung dieser Versicherung, die den Todesfallschutz mit Sparen kombiniert, mit um die 3 bis 4 Prozent noch deutlich höher war als heute. Hinzu kommt, dass bei Abschluss vor 2005 sämtliche Erträge steuerfrei sind. Bei späterem Abschluss ist das nur noch für höchstens die Hälfte der Erträge der Fall.

Auch die Versicherungen, mit denen sich Sparer eine sichere Privatrente fürs Alter ansparen können, fanden lange Zeit viel Zuspruch. Es gab und gibt verschiedene Varianten einer solchen privaten Rentenversicherung: Entweder zahlen die Versicherten über einen längeren Zeitraum im Berufsleben Geld ein, um dann als Rentner von den Auszahlungen zu profitieren. Oder sie zahlen einmalig, zum Beispiel kurz vor Rentenbeginn, eine große Summe ein, um quasi direkt ihre „Sofortrente“ zu beziehen.

Mittlerweile haben solche Versicherungsverträge für die Altersvorsorge stark an Attraktivität verloren. Schritt für Schritt wurden die garantierten Zinsen für Neuverträge abgesenkt. 2025 erfolgte dann die erste Anhebung seit 30 Jahren: Der Garantiezins (oder korrekter: der „Höchstrechnungszins“) wurde von 0,25 auf 1 Prozent erhöht. Der Höchstrechnungszins ist der Zins, den die Versicherer maximal garantieren dürfen. Trotz Anhebung ist der immer noch recht niedrig. Hinzukommt: Diese Verzinsung bezieht sich nur auf die „Sparbeiträge“. Das ist das, was von den eingezahlten Beiträgen nach Abzug der Kosten für Abschluss, Verwaltung und eventuelle Zusatzleistungen wie einen Schutz bei Berufsunfähigkeit übrig bleibt. Und die Kosten sind bei diesen Verträgen häufig ziemlich hoch.

Für viele Vorsorgesparer stellt sich also die Frage, ob sich unter diesen Voraussetzungen der Abschluss eines neuen Vertrags überhaupt noch lohnt.

Private Rentenversicherungen

Wer heute auf der Suche nach einer privaten Rentenversicherung ist, wird auf Angebote stoßen, die unterschiedlich ausgestaltet sind. Auf der einen Seite gibt es die klassischen Verträge in der seit vielen Jahren bekannten Form – auch als „alte Klassik“ bezeichnet. Das sind die Verträge mit der garantierten Verzinsung von aktuell gerade einmal 1 Prozent. Von dieser Mindestverzinsung sind viele Versicherer aber bereits ganz abgewichen und dazu übergangen, nur noch Verträge ohne Garantieverzinsung anzubieten: Oftmals garantieren sie nur noch den Erhalt der eingezahlten Beiträge. Solche Angebote heißen dann bei den Versicherern „neue Klassik“. Im Gegenzug für die fehlenden sicheren Zinsen bieten sie ihren Kunden an, sie stärker an ihren Überschüssen zu beteiligen. Die Höhe dieser Überschüsse ist aber nicht garantiert, sondern hängt davon ab, wie erfolgreich die Versicherer am Kapitalmarkt investieren. Wie das Vertragsguthaben später in eine Rente umgerechnet wird, das wollen die meisten Anbieter erst entscheiden, wenn es so weit ist. Den Sparern bleibt bei dieser Vertragsvariante nur, sich überraschen zu lassen, wie hoch ihre Rente dann zum Beispiel in 30 oder 40 Jahren ausfallen wird.

Die Stiftung Warentest hat zuletzt im März 2025 klassische private Rentenversicherungen geprüft. Testsieger waren Europa, Hannoversche und Die Bayerische, die einzigen, die mit „gut" bewertet wurden. Doch auch bei denen müssten die Versicherten sehr alt werden, um die Garantierente ihrer Beiträge wieder rauszuholen.

Es gibt Alternativen

Angesichts dieser Schwächen klassischer Rentenversicherungen ist es eine Überlegung wert, welche anderen Wege es gibt, um sich für das Alter regelmäßige Einnahmen zu sichern. Hier ein paar Alternativen:

➔ **Gesetzliche Rente.** Sie sind mindestens 50 Jahre alt? Dann können freiwillige Sonderzahlungen an die gesetzliche Rentenversicherung eine lohnende Alternative zur Privatrente sein. In dem Fall zahlen Sie einmalig oder in mehreren Etappen Geld an die gesetzliche Rentenkasse und erhöhen so Ihre Altersrente.

Eigentlich sind freiwillige Sonderzahlungen dazu gedacht, dass Sie damit Abschläge auf die gesetzliche Rente ausgleichen, mit denen Sie bei vorzeitigem Rentenbeginn häufig rechnen müssen. Ab 50 dürfen Sie diese Sonderzahlungen leisten. Das heißt aber nicht, dass Sie tatsächlich vorzeitig in Rente gehen müssen. Denn trotz Sonderzahlung haben Sie das Recht, auf den vorzeitigen Rentenbeginn zu verzichten.

Arbeiten Sie doch bis zu Ihrem regulären Rentenbeginn, wird das eingezahlte Geld also nicht zum Ausgleich von Rentenabschlägen benötigt, sondern es erhöht Ihre Rentenansprüche. Wie genau das funktioniert, wie viel Sie einzahlen können und dürfen, rechnet Ihnen die Deutsche Rentenversicherung aus. Vereinbaren Sie am besten einen kostenlosen Beratungstermin. Das ist über die Gratis-Hotline 0800 1000 4800 möglich (erreichbar wochentags, zwischen 8und 19 Uhr, freitags bis 15:30 Uhr).

➔ **Riester-Vertrag.** Sie wünschen sich eine sichere Zusatzeinnahme im Alter? Ehe Sie sich für eine klassische private Rentenversicherung entscheiden, schauen Sie zunächst, ob eine staatlich geförderte Riester-Rentenversicherung infrage kommt. Mit der Riester-Versicherung haben Sie zumindest den Vorteil, dass Sie von staatlicher Förderung beim Sparen profitieren.

Als Riester-Sparer haben Sie Anspruch auf jährliche Zulagen und eventuell zusätzlich auf Steuervorteile. Bis zu 175 Euro jährlich stehen Ihnen als Sparer als Grundzulage zu. Für ab 2008 geborene Kinder können Sie bis zu 300 Euro jährlich bekommen, für früher geborene Kinder bis zu 185 Euro. Die vollen Zulagen erhalten Sie für 2025, wenn Sie mindestens 4 Prozent Ihres Bruttojahreseinkommens aus dem Jahr 2024 in Ihren Riester-Vertrag einzahlen. Die Zulagen zählen hierbei mit. Je nach Einkommen und Einzahlung profitieren Sie eventuell zusätzlich von einem Steuervorteil, da das Finanzamt Ihre eigenen Riester-Beiträge sowie die staatlichen Zulagen bis 2 100 Euro im Jahr als Sonderausgaben anerkennt. Dadurch sparen Sie eventuell Steuern.

Vor allem dank der staatlichen Zulagen kann die Riester-Förderung für Eltern attraktiv sein. Allerdings gilt auch hier: Eine Rentenversicherung als Riester-Vertrag sollte nicht die erste Wahl sein. Mit dem Vertragsabschluss sind zum Teil enorme Kosten verbunden, und auch hier ist die garantierte Verzinsung begrenzt – der maximale Garantiezins von 1 Prozent gilt auch hier. Eine günstigere Alternative ist zum Beispiel ein Riester-Fondssparplan. Dabei fließt das Geld der Sparer in Investmentfonds. Der Vertragsabschluss ist günstiger, außerdem besteht die Chance, deutlich höhere Renditen zu erzielen.

➔ **Betriebliche Altersvorsorge.** Als Angestellter können Sie über den Betrieb vorsorgen und beispielsweise einen Teil des Gehalts in eine Direktversicherung oder einen Pensionsfonds zahlen. Dann profitieren Sie während der Ansparphase davon, dass Sie weniger Steuern und Sozialabgaben zahlen müssen. Der Arbeitgeber muss Ihnen 15 Prozent zu Ihren Beiträgen dazugeben. Damit sich der Abschluss lohnt, sollte der Zuschuss aber noch höher sein.

➔ **Rürup-Rente.** Zahlen Sie in einen Rürup-Vertrag – meist auch Rentenversicherungen – ein, können Sie mit Ihren Beiträgen eine Menge Steuern sparen. Denn Ihre Beiträge können Sie als Sonderausgaben in der Steuererklärung geltend machen. Der Abschluss lohnt sich im Normalfall aber nur für sehr gut verdienende Sparer, die viele Steuern sparen können. Hinzu kommt, dass Rürup-Sparer eher unflexibel sind, denn sie können den Vertrag nicht kündigen.

Altersvorsorge ein Thema für sich

Die einzelnen Varianten der staatlich geförderten Altersvorsorge haben ihre Stärken und Schwächen. Strategien zu diesem wichtigen Thema finden Sie in unseren Ratgebern zum Thema „Altersvorsorge", erhältlich unter test.de/shop. Aktuelle Testergebnisse können Sie auf test.de nachlesen.

Versicherungen und Fonds kombinieren

Eine Alternative zum klassischen Lebens- oder Rentenversicherungsvertrag sind fonds- oder ETF-gebundene Versicherungen. Als die Stiftung Warentest diese Versicherungen im März 2025 untersucht hat, gab es einen klaren Testsieger: Europa E-RI, mit der Note 1,7 beinahe „sehr gut". Mit deutlichem Abstand folgten HanseMerkur Vario Care Invest R 2025M (Note 2,3) und Continentale Rente Invest RI (Note 2,4). Dabei fällt die garantierte Monatsrente bei diesem Versicherungstyp eher mager aus. Entscheiden Sie sich für eine solche Fondspolice, fließt ein Großteil Ihrer Versicherungsbeiträge nicht in sichere Sparanlagen, sondern in ETFs oder Investmentfonds. Auf diese Weise können Sie mehr Rendite erwirtschaften, allerdings ist damit auch ein höheres Risiko verbunden, da mit den Fonds Verluste möglich sind.

So kann es Ihnen passieren, dass Sie am Ende der Vertragslaufzeit weniger aus dem Vertrag herausbekommen, als Sie eingezahlt haben. Dieses Risiko sollten Sie beim Abschluss einer solchen Versicherung im Hinterkopf haben.

Auch Riester-Rentenversicherungen gibt es als Fondspolice. Eine solche Riester-Fondspolice kann aber nur so gut sein wie die darin enthaltenen Fonds. Doch wissen Sie, wie gut Ihre Fonds tatsächlich sind? Um einen Überblick zu bekommen, hilft Ihnen der Riester-Optimierer der Stiftung Warentest, der laufend aktualisiert wird. Sie finden das Angebot unter test.de, Suchbegriff „Riester Fondspolice". So können Sie besser entscheiden, ob Sie Fonds austauschen wollen und welche dafür infrage kommen. Sobald Sie sich einen Überblick verschafft haben, rufen Sie beim Versicherer an und lassen Sie schlechte gegen bessere Fonds austauschen.

Mit Fonds – ohne Versicherung

Ob als Riester-Sparer oder ohne Förderung: Flexibler sind Sie, wenn Sie ganz auf den Versicherungsmantel verzichten und direkt in Fonds investieren. Gerade, wenn Sie Ihr Geld auf lange Sicht anlegen wollen, ist das Fondsinvestment oft gut geeignet. Fonds – das bedeutet, dass viele Anleger Geld in einen gemeinsamen Topf einzahlen und von diesem Geld dann je nach Art des Fonds zum Beispiel Aktien oder Anleihen, auch Renten genannt, erworben werden.

Mit Ihrer Investition ist allerdings ein gewisses Risiko verbunden. Denn wenn etwa die Aktien, in die investiert wurde, an Wert verlieren, gilt das auch für Ihre Fondsanteile. Es wäre ungünstig, wenn Sie Ihre Anteile genau zu einem solchen Zeitpunkt wieder verkaufen müssten, weil Sie dringend Geld benötigen. Wir raten deshalb: Zahlen Sie etwa in Aktienfonds nur Geld ein, auf das Sie langfristig verzichten können – zum Beispiel, weil Sie es erst in zehn, 15 oder noch mehr Jahren benötigen.

Bequem anlegen mit ETFs

Eine bequeme und gut geeignete Art, um auf Dauer Geld anzusparen, sind Sparpläne auf börsengehandelte Indexfonds, die sogenannten ETFs (Exchange Traded Funds). Um das Risiko für Ihre Investition so gering wie möglich zu halten, sollten Sie einen ETF wählen, der einen weltweiten Index abbildet, beispielsweise den MSCI World. Das ist ein Aktienindex, in dem rund 1 600 Unternehmen weltweit vertreten sind. Wählen Sie einen Sparplan auf einen ETF, können Sie beispielsweise mit monatlichen Beiträgen ab 25 oder 50 Euro Geld für später ansparen.

Mehr zum Thema Fonds

Die Stiftung Warentest bewertet regelmäßig aktiv gemanagte Fonds und ETFs. Zudem hat sie mit den sogenannten Pantoffel-Portfolios konkrete Depotvorschläge entwickelt, bei denen Anleger sowohl in ETFs als auch in sichere Zinsanlagen investieren. Diese Vorschläge sind auch für Börsenneulinge geeignet. Mehr dazu lesen Sie unter test.de/pantoffel-portfolio. Passende Fonds finden Sie im Produktfinder unter test.de/fonds.

Was tun mit laufenden Verträgen?

Es gibt einige Alternativen zum Neuabschluss einer Kapitallebens- oder einer Rentenversicherung. Doch was sollen Sie tun, wenn Sie schon vor Jahren einen solchen Versicherungsvertrag abgeschlossen haben? In diesem Fall dürfte Sie weniger der Neuabschluss interessieren, sondern eher die Frage: Was mache ich mit meinem laufenden Vertrag? Wenn die Versicherungen an Attraktivität verloren haben, wäre es dann nicht besser, bestehende Verträge einfach zu kündigen?

In der Regel ist das nicht die beste Lösung. Einen laufenden Vertrag sollten Sie, wenn Sie es sich finanziell leisten können, bis zum Ende der Laufzeit durchhalten. Kündigen Sie ihn vorzeitig, machen Sie in aller Regel Verlust. Die Alternative zur Kündigung wäre, den Vertrag beitragsfrei zu stellen. Dann zahlen Sie nichts mehr ein, Ihr Vertrag wird auf dem derzeitigen Stand eingefroren. Auf Ihr Geld samt Rendite müssen Sie bis zum Ende der Vertragslaufzeit warten. Je nachdem, wann der Vertrag beitragsfrei gestellt wird, sind allerdings auch bei dieser Variante Verluste möglich.

Schritt 3:

Verträge schließen, verbessern und kündigen

Wenden wir uns dem „Papierkram" zu: Wie schließen Sie Ihren Versicherungsvertrag ab? Ist es sinnvoll, einen Vertreter oder Versicherungsmakler einzuschalten? Oder ist es günstiger, die Versicherung direkt abzuschließen, was heute meist bedeutet: online? Was taugen Vergleichsportale? Und wie sollten Sie sich auf den Vertragsabschluss vorbereiten?

Außerdem erfahren Sie, wie Sie bestehende Verträge anpassen, verbessern und auch kündigen können. Und schließlich informieren wir Sie darüber, was im Schadensfall zu tun ist, damit Sie zügig an Ihr Geld kommen. Und welche Möglichkeiten Sie haben, wenn der Versicherer nicht die erwartete Leistung erbringt.

Versicherungsverträge direkt abschließen oder über einen Vertreter?

Versicherungen direkt im Internet abzuschließen wird immer beliebter. Bei komplexen Verträgen ist es jedoch hilfreich, einen persönlichen Ansprechpartner vor Ort zu haben.

Sie haben ein Auto gekauft? Selbst wenn Sie bisher nur wenig mit Versicherungen zu tun hatten – jetzt kommen Sie nicht mehr an diesem Thema vorbei. Denn Ihr Auto können Sie bei der Zulassungsstelle nur dann anmelden, wenn Sie eine eVB-Nummer haben, die „elektronische Versicherungsbestätigung". Diese Nummer erhalten Sie direkt bei einem Versicherer, der damit bestätigt, dass er die gesetzlich vorgeschriebene Kfz-Haftpflichtversicherung für Sie übernimmt.

Doch zu wem gehen Sie, um den Versicherungsschutz zu bekommen? Wählen Sie den traditionellen Weg und suchen sich einen Versicherungsvermittler vor Ort, zum Beispiel einen Makler, der Produkte mehrerer Gesellschaften vertreibt, oder einen Vertreter, der nur die Produkte einer Gesellschaft vermittelt? Oder entscheiden Sie sich fürs Internet, schauen sich zum Beispiel online bei einzelnen Versicherern nach Angeboten für Ihr Fahrzeug um oder nutzen Vergleichsportale, die selbst oder deren Tochterunternehmen Makler sind?

Gerade am Beispiel der Autoversicherung zeigt sich, wie vielfältig die Wege sind, um zum passenden Schutz zu kommen. Der Online-Abschluss wird dabei immer beliebter, wie von Branchenvertretern bekundet wird. Nach den aktuellen Zahlen des Gesamtverbands der Deutschen Versicherungswirtschaft (GDV) wurden im Jahr 2024 rund 29 Prozent aller Kfz-Versicherungen online abgeschlossen. Das entspricht fast jedem dritten Vertrag in dieser Sparte, die damit Spitzenreiter unter den Versicherungsarten in Deutschland ist. Die Private Krankenzusatzversicherung liegt mit einem Online-Anteil von 27 Prozent knapp dahinter. Bei Sach-, Unfall- und Haftpflichtversicherungen beträgt der Anteil hingegen nur etwas mehr als 17 Prozent. Und bei der besonders beratungsintensiven Lebensversicherung stagniert der Anteil laut GDV bei gerade einmal 3 Prozent.

Schnell und ohne Provision

Auf den ersten Blick ist es schon ein wenig überraschend: In jeder Versicherungssparte werden die meisten Verträge noch immer auf dem klassischen Vertriebsweg über einen Versicherungsvertreter oder -makler abgeschlossen. Dabei hat der direkte Abschluss, den Sie eigenständig, in aller Regel online vornehmen, einige Vorteile: Es fällt keine Vermittlungsprovision an. Versicherungen werben oft damit, dass sie ihren Direktkunden günstigere Tarife anbieten können. Außerdem erfolgt der Abschluss des Vertrags schnell und einfach. Innerhalb weniger Minuten lässt sich die Sache erledigen.

Allerdings sind viele Kunden zurückhaltend, wenn es darum geht, persönliche, teils sensible Daten über das Internet zu übermitteln. Dabei fällt es sicher leichter, Angaben zu einem neuen Fahrzeug zu machen, als Fragen zur eigenen Gesundheit zu beantworten. Außerdem ist der Abschluss vieler Versicherungen komplex, die Kunden sind unsicher und fühlen sich bei einem einen persönlichen Ansprechpartner besser aufgehoben.

„Bei Fragen wenden Sie sich gerne an mich"

Solche Ansprechpartner in Versicherungsfragen sind zum Beispiel Einfirmenvertreter. Sie haben ihr Büro bei Ihnen im Ort oder in einer Nachbarstadt und bieten die Versicherungsprodukte einer einzigen Gesellschaft an. Es gibt auch Vertreter, die für zwei Anbieter tätig sind. Beim Abschluss eines Vertrags und für die Bestandspflege erhalten sie vom Versicherer eine Provision. Das gilt auch für Mehrfachagenten, die mit einigen wenigen Versicherern zusammenarbeiten.

Eine Alternative ist, dass Sie vor Ort einen Versicherungsmakler suchen. Makler arbeiten stets mit vielen Gesellschaften zusammen und halten so eine große Auswahl an Angeboten bereit. Sie ermitteln im Auftrag des Kunden ein günstiges Angebot und vermitteln den Vertrag. Dafür erhalten sie Geld vom Versicherer, die Courtage. Im Regelfall verwalten sie im Rahmen eines Maklervertrags verschiedene Versicherungen des Kunden und optimieren sie, wenn nötig.

Einfirmenvertreter und Versicherungsmakler fallen unter den Oberbegriff „Versicherungsvermittler": Sie stehen als verbindendes Glied zwischen Versicherungsunternehmen und Kunden. Wer diese Tätigkeit ausüben will, benötigt eine Gewerbeerlaubnis von der Industrie- und Handelskammer. Versicherungsvermittler müssen ihre Qualifikation nachweisen und eine Berufshaftpflichtversicherung haben. Verletzen sie eine ihrer Beratungspflichten und stellt sich später heraus, dass sie einen Kunden falsch beraten haben – etwa, weil der vermittelte Versicherungsschutz nicht ausreicht –, kann der Kunde auf Schadenersatz klagen.

Viele Wege führen zum Ziel

Gehen Sie den anderen Weg und entscheiden sich für einen Online-Vertragsabschluss, können Sie je nach Art der Versicherung und Angebot in der Regel einiges an Beiträgen sparen. Dafür nehmen Sie in Kauf, dass Sie keinen direkten Ansprechpartner vor Ort haben, sondern bei Fragen und Problemen nur per Telefon, Mail oder Chat Kontakt mit Ansprechpartnern aufnehmen können.

Um den gewünschten Versicherungsschutz online abzuschließen, können Sie direkt auf die Internetseite eines Versicherers gehen, den Sie sich vorher ausgesucht haben, machen dort Angaben zum gewünschten Versicherungsschutz und erhalten anschließend den Vertrag.

Check24, Verivox und Co

Über Online-Portale wie Check24, Verivox oder autoversicherung.de ist ebenfalls ein Vertragsabschluss möglich. Wenn Sie über das Internet Versicherungstarife vergleichen, sollten Sie sich darüber im Klaren sein, dass Online-Portale in der Regel gegen Provision Verträge zwischen Kunden und Anbieter vermitteln. Ein Vergleichsportal, das gleichzeitig Makler ist, verdient Geld über die Provisionen, die ihm ein Versicherer bei erfolgreichem Abschluss zahlt. Die Portale haben nicht unbedingt alle Versicherer und Tarife im Angebot, sodass Sie keinen kompletten Marktüberblick haben. Das sollten Sie vor Vertragsabschluss bedenken.

Um ihre Beratungspflicht zu erfüllen, fragen die Portale Wünsche und Bedarf über Eingabemasken ab und bieten dem Kunden viele Auswahlmöglichkeiten an. Anhand Ihrer persönlichen Daten – vor Abschluss der Autoversicherung machen Sie zum Beispiel Angaben zu Ihrem Fahrzeug, Ihrem Beruf und Familienstand – wird ein Tarifvergleich vorgenommen. Daraufhin können Sie entscheiden, welches Angebot Ihnen zusagt. Verglichen werden neben den Preisen auch die jeweiligen Leistungen.

Haben Sie Ihre Wahl getroffen, können Sie direkt über das Portal Ihren Vertrag abschließen.

Angebote vergleichen

Obwohl es etwas Mühe macht, lohnt es sich oftmals, wenn Sie sich gleich an mehreren Stellen in der digitalen und nicht digitalen Welt nach einem passenden Angebot umsehen. So erhöhen Sie Ihre Chancen, einen günstigen Vertrag zu bekommen. Außerdem spricht nichts dagegen, dass Sie Ihren bisherigen Autoversicherer einmal anrufen mit der Frage, ob und welche Möglichkeiten es gibt, den Beitrag zu senken – mit dem freundlichen Hinweis, dass Sie darüber nachdenken, eventuell zu wechseln.

Oder andersherum: Sie haben bisher viele Verträge, die über ein Versicherungsbüro laufen. Wenn Sie sich nun bei einem anderen Anbieter umsehen, ist dieser vielleicht besonders interessiert, Ihnen bei einem ersten neuen Vertragsabschluss ein besonders attraktives Angebot zu machen – umso mehr, wenn er die Chance sieht, dass Sie im Nachhinein auch andere Versicherungen bei ihm abschließen.

Verwalten per Makler-App

Versicherungen online abzuschließen ist für manche nur der erste Schritt: Mittlerweile gibt es verschiedene Makler-Apps, die anbieten, alle Ihre Versicherungen papierlos, kosten- und zeitsparend zu verwalten. Zum Beispiel Clark, allesmeins, simplr, asuro oder Friendsurance. Alles läuft über Smartphone, Tablet oder PC. Haben Sie die App heruntergeladen, müssen Sie sich mit Ihren persönlichen Daten registrieren. Mit Ihrer Erlaubnis holt die App Ihre Vertragsdaten beim Versicherungsunternehmen ein. Das Integrieren der bestehenden Verträge in die App kann einige Zeit dauern. Dann aber sollten Sie in der App einen Überblick über alle Ihre Versicherungsverträge haben.

Wenn Sie Ihre Versicherungen digital verwalten lassen möchten, sollten Sie sich vorher gut überlegen, welche Leistungen Sie erwarten. Manche dieser Apps lassen sich für die Verwaltung der Verträge nutzen, auch wenn Sie bei Ihrem bisherigen Makler bleiben. Bei anderen Apps ist die Nutzung hingegen nur nach Erteilen der Makler-Vollmacht möglich. Dann ist die Makler-App für Sie zuständig, nicht mehr Ihr bisheriger Makler. In diesem Fall können die Betreiber der App beispielsweise nach neuen Angeboten für Sie suchen. Per Chat oder telefonisch können Sie Fragen zu Ihren Verträgen stellen oder sich Hilfe im Schadensfall holen. Andere Apps bieten die Möglichkeit, dass die Kunden gemeinsam mit dem bisherigen Makler umziehen. Es gibt aber auch Apps, die nur einzelne Verträge als Makler betreuen. Letztere bieten dann allerdings keine Rundumbetreuung.

Makler, Vertreter, Berater?

Es gibt verschiedene Berufsgruppen unter den Versicherungsvermittlern. Vertreter und Makler bekommen Geld vom Versicherer, wohingegen Versicherungsberater Geld vom Kunden bekommen. Ein Versicherungsfachmann ist nicht immer nötig. Oft ist es möglich eine Versicherung direkt bei einer Versicherungsgesellschaft abzuschließen. Benötigen Sie Unterstützung, finden Sie gegen Honorar Rat bei unabhängigen Beratern. Kontakte in Ihrer Nähe finden Sie über den Bundesverband der Versicherungsberater.

CHECKLISTE

Schritt für Schritt zum Vertragsabschluss

So bereiten Sie sich auf den Vertragsabschluss und ein Gespräch mit dem Versicherungsvermittler vor.

1 **Angebote:** Holen Sie mehrere Angebote zum Vergleich ein und schauen Sie sich die jeweiligen Tarifbedingungen genau an. Wenn Sie ein Online-Vergleichsportal für Ihren Vertragsabschluss nutzen, bedenken Sie, dass dort zwar eine breite Auswahl an Versicherern vertreten ist, aber längst nicht alle. Deshalb kann es sich lohnen, Abfragen bei mehreren Portalen zu machen.

2 **Beim Wunschversicherer bleiben:** Wenn Sie sich von vornherein auf einen Versicherer festlegen wollen, zum Beispiel, weil Sie dort bereits andere Versicherungen abgeschlossen haben, erkundigen Sie sich nach unterschiedlichen Tarifvarianten. Holen Sie dennoch Vergleichsangebote anderer Versicherer ein. Sie können ein Argument sein, um beim Wunschversicherer einen Rabatt auszuhandeln.

3 **Den Wunschtarif bekommen:** Sie wollen einen ganz bestimmten Tarif abschließen, zum Beispiel, weil er von der Stiftung Warentest als Testsieger ermittelt wurde? Eine Möglichkeit ist, dass Sie diesen Tarif direkt beim Versicherer online abschließen. Finden Sie den Wunschtarif nicht sofort auf der Homepage, haken Sie über die Hotline des Anbieters nach. Kontaktieren Sie einen Vertreter vor Ort, kann es sein, dass der Ihnen einen anderen, vermeintlich vorteilhafteren Tarif anbietet, der ein wenig mehr kostet. Wenn Ihnen Ihr ursprünglicher Wunschtarif passender erscheint, lassen Sie sich den nicht ausreden.

4 **Nachfragen:** Verlassen Sie sich im Gespräch mit einem Versicherungsvermittler nicht blind auf dessen Informationen. Fragen Sie nach Nachteilen und Risiken eines Vertrags und nach Lücken im Schutz. Haken Sie nach, wenn Sie etwas nicht verstehen oder unsicher sind, ob eine gewünschte Leistung tatsächlich Bestandteil des angebotenen Tarifs ist.

5 **Angebote prüfen:** Egal ob online oder auf nicht digitalem Wege: Sie müssen sich nicht von jetzt auf gleich für eine Versicherung entscheiden. Verschaffen Sie sich einen Überblick über die genauen Tarifbedingungen. Wenn Sie Fragen haben, klären Sie diese im direkten Gespräch mit dem Vermittler. Lassen Sie sich die fraglichen Stellen in den Vertragsbedingungen erklären. Nehmen Sie die Unterlagen ruhig mit nach Hause und prüfen Sie die Angebote, zum Beispiel mithilfe unserer Checklisten im Formularteil.

6 **Protokoll prüfen:** Wenn Sie einen Versicherungsvertrag abschließen, ist der Vermittler dazu verpflichtet, Ihnen eine Beratungsdokumentation zuzuschicken. Aus dem Protokoll geht hervor, was Sie mit dem Versicherungsvermittler besprochen haben – Ihre Wünsche und Bedürfnisse sowie seine Empfehlungen. Prüfen Sie dieses Protokoll sorgfältig, bevor der Vermittler es unterschreibt. Ändern Sie es, wenn etwas darin stehen sollte, was so nicht gesagt wurde. Unterschreiben Sie das Beratungsprotokoll erst, wenn Sie mit allen Punkten einverstanden sind.

Einen neuen Vertrag schließen

Nehmen Sie sich für den Vertragsabschluss ausreichend Zeit. Informieren Sie sich, welche Leistungen enthalten sind, welche Pflichten bestehen und welche Unterlagen Sie benötigen.

Sie wissen, von wem Sie sich beraten lassen wollen, haben sich vielleicht schon einen passenden Tarif ausgesucht, etwa mithilfe der Testergebnisse der Stiftung Warentest? Bis zum Vertragsabschluss sind es nun noch ein paar Schritte.

Wenden Sie sich an einen Versicherungsvermittler, also etwa an einen Einfirmenvertreter oder an einen Makler, muss dieser bestimmte Pflichten erfüllen – ob er Sie nun persönlich berät oder online. Aber auch für Sie als Kunde sind mit dem Vertragsabschluss einige Pflichten verbunden.

Das gilt für die Vermittler

Ein Versicherungsvermittler muss den Kunden darüber informieren, für welche Gesellschaften er arbeitet und ob er ausschließlich für diese tätig ist. Auch Makler müssen Auskunft geben, wenn sie nicht für alle relevanten Versicherer Verträge vermitteln können.

Geht es dann konkret um den „Verkauf" einer Versicherung, sind Vermittler in der Pflicht, zunächst die Wünsche und Bedürfnisse des Kunden zu ermitteln und sich ein Bild über dessen persönliche Verhältnisse zu machen, zum Beispiel über Familiensituation, Haushaltseinkommen, Bauvorhaben, laufende Kredite und berufliche Perspektive. Dabei arbeiten sie jeweils unterschiedliche Fragenkataloge ab.

Um den persönlichen Bedarf zu ermitteln, kann auch die 2019 erstellte DIN-Norm zur Finanzanalyse für Privathaushalte zum Einsatz kommen, die mehrere Versicherer anwenden.

Die Wünsche des Kunden und sein Versicherungsbedarf müssen schriftlich in einem Beratungsprotokoll festgehalten werden, ebenso die Empfehlung, die der Vermittler ihm daraufhin gegeben hat, inklusive Begründung. Das Protokoll muss dem Kunden vor Abschluss des Vertrags ausgehändigt werden. Es sei denn, Sie haben vorher schriftlich erklärt, dass Sie auf ein Protokoll verzichten. Das sollten Sie allerdings nicht tun, denn mit diesem Dokument dürfte es nach einer Falschberatung einfacher sein, Schadenersatz durchzusetzen.

Wenn der Versicherungsvermittler Ihnen nach der ersten Bestandsaufnahme zum Beispiel ein Angebot für eine Hausratversicherung unterbreitet, füllen Sie ein entsprechendes Antragsformular aus. Stimmt der Versicherer zu, gilt der Vertrag als geschlossen. Wenige Tage später werden Sie dann den Versicherungsschein, die Police, erhalten.

Alle Unterlagen sorgfältig prüfen

Bevor der Vertrag zustande kommt, müssen Sie als Kunde sämtliche Unterlagen erhalten. Dazu gehören alle Vertragsbedingungen sowie ein Produktinformationsblatt, in dem die wichtigsten Daten noch einmal zusammengefasst sind. Nehmen Sie sich Zeit, diese Unterlagen zu prüfen. Wenn Ihnen etwas unverständlich ist oder Sie etwas vermissen, haken Sie noch einmal nach. Erst wenn Sie völlige Klarheit haben, sollten Sie den Versicherungsvertrag unterschreiben.

Vertrag widerrufen

Sie haben eine Versicherung abgeschlossen, aber kurz danach kommen Ihnen Zweifel: Ist die wirklich nötig? War das die beste Wahl? Keine Sorge: Sie haben noch ein wenig Bedenkzeit und können alles rückgängig machen und den Vertrag ohne Angabe von Gründen widerrufen.

Für die meisten Versicherungen gilt eine Widerrufsfrist von 14 Tagen, für eine Renten- oder Lebensversicherung eine verlängerte Frist. Frist von 30 Tagen. Die Frist beginnt erst, wenn Ihnen alle Unterlagen schriftlich vorliegen. Dazu zählen neben den Vertragsbedingungen und dem Produktinformationsblatt auch der Versicherungsschein (Police) sowie die Widerrufsbelehrung.

Der Widerruf muss „in Textform" erfolgen (per Brief, Fax oder E-Mail). Entscheidend für die Einhaltung der Frist ist der rechtzeitige Versand des Widerrufs, nicht dessen Eingang beim Versicherer!

AUSFÜLLHINWEIS

→ S. 137

Formular K Musterschreiben Widerruf

Im Formularteil finden Sie ein Musterschreiben für den Widerruf eines Versicherungsvertrags. Dieser Widerruf muss „in Textform" erfolgen (E-Mail, Brief oder Fax) und nicht unterschrieben werden. Doch müssen Sie belegen können, dass Sie den Widerruf rechtzeitig erklärt haben. Bei E-Mails speichern Sie die „Versandbestätigung" und fordern vom Empfänger eine „Lesebestätigung". Beim Brief ist ein Einschreiben mit Rückschein zu empfehlen, beim Fax der Sendebericht.

Als Kunde in der Pflicht

Rund um den Vertragsabschluss muss aber nicht nur der Versicherungsvermittler seine Pflichten erfüllen – auch Sie als Kunde haben Ihre Pflichten, die sogenannten Obliegenheiten. Mit diesen werden Sie zum ersten Mal konfrontiert, wenn entscheidende Daten für den Versicherungsschutz abgefragt werden: Fragt der Versicherungsvermittler etwa nach Ihren Vorerkrankungen in den letzten fünf Jahren oder sollen Sie in die Abfragemaske im Internet eingeben, wie viele Kilometer Sie jährlich mit Ihrem Pkw fahren, müssen Sie korrekte Angaben machen. Es wäre fahrlässig zu versuchen, durch Schummelei oder Verschweigen wichtiger Angaben bessere Bedingungen zu bekommen. Damit riskieren Sie, Ihren Versicherungsschutz zu verlieren!

Das Beantworten von Fragen, etwa zu Ihrem Gesundheitszustand, gehört zu Ihren vorvertraglichen Anzeigepflichten. Je nach Art der Versicherung sind die Angaben zu Ihrem Fahrzeug, zu Ihrem Gesundheitszustand oder zum Wert Ihrer Wohnungseinrichtung nötig, damit das Versicherungsunternehmen einordnen kann, ob es bereit ist, die Absicherung eines bestimmten Risikos zu übernehmen. Diese Angaben werden für das Antragsformular abgefragt. Trägt ein Vermittler die Antworten für Sie ein, sollten Sie seine Eingaben sicherheitshalber überprüfen.

Wichtig ist, dass Sie vor allem die Gesundheitsfragen, die zum Beispiel für den Abschluss einer Kranken- oder Berufsunfähigkeitsversicherung nötig sind, sehr sorgfältig beantworten. Falls der Vermittler hier etwas Falsches für Sie eingetragen hat, haben Sie als Versicherter hinterher den Schaden. Wenn falsche Angaben gemacht werden oder Vorerkrankungen oder Beschwerden verschwiegen werden, riskieren Sie, dass der Versicherer sich weigert, die Berufsunfähigkeitsrente zu zahlen. Eventuell müssen Sie sogar Geld für erhaltene Leistungen zurückerstatten, wenn beispielsweise der private Krankenversicherer vom Vertrag zurücktritt.

Laufende Verträge verbessern

Haben Sie einen Versicherungsvertrag unterschrieben, ist damit das Thema noch nicht erledigt. Sie sollten Ihren Schutz im Laufe der Zeit immer wieder mal überprüfen und optimieren.

Schauen Sie sich einmal Ihre derzeitigen Versicherungen und Kontodaten an: Zahlen Sie Ihre Beiträge monatlich, einmal im Quartal oder einmal im Jahr? Vielleicht liegt es Ihnen mehr, wenn die fälligen Beiträge monatlich, also in kleinen Häppchen eingezogen werden – dann vermeiden Sie, dass einmal im Jahr plötzlich ein großer Posten fällig wird oder sogar für mehrere Verträge gleichzeitig die kompletten Jahresprämien zu zahlen sind.

Allerdings ist die monatliche Zahlweise nicht die günstigste: Wenn Sie Ihren Vertrag auf jährliche Zahlung umstellen und den Beitrag für das kommende Versicherungsjahr im Voraus zahlen, erhalten Sie häufig Rabatt. Je nach Versicherungsart sind etwa 5 bis 10 Prozent Ersparnis möglich.

Hinzu kommt, dass es durch die jährliche Zahlung eventuell leichter wird, Ihre Versicherungsausgaben im Blick zu behalten. Wenn Sie etwa eine monatliche Abbuchung von 25 oder 30 Euro für eine Versicherung haben, rutscht dieser Posten im Alltag zwischen den deutlich höheren Abbuchungen wie für Miete oder Kinderbetreuung eher mit durch, da er unter der persönlichen Schmerzgrenze bleibt. Wenn Sie hingegen am Jahresende sehen, dass Sie auf einen Schlag zum Beispiel 350 Euro für eine private Unfallversicherung zahlen sollen, kommen Sie eventuell ins Grübeln: Kann ich das nicht günstiger bekommen?

Die Antwort wäre in diesem Fall: Allerdings, es geht günstiger! Sie können eine private Unfallversicherung mit guten Bedingungen schon unter 100 Euro Jahresbeitrag bekommen. Die Umstellung hat somit nicht nur einen finanziellen Vorteil in Form von Rabatt, sondern kann auch für einen besseren Überblick sorgen.

Zahlungsweise ändern lassen

Kontaktieren Sie Ihren Versicherer, wenn Sie auf jährliche Zahlung umstellen möchten. Das sollte problemlos möglich sein. Sie müssen auch keine Nachteile befürchten, wenn Sie den Vertrag dann im Laufe des Versicherungsjahres kündigen, zum Beispiel nach einem Schadensfall. Die noch nicht verbrauchten Beiträge werden Ihnen erstattet.

Leistungen zukaufen, abspecken, tauschen

Weitere Einsparungen können sich ergeben, wenn Sie die Vertragsbedingungen verändern und zum Beispiel aus einer laufenden Risikolebens- oder Unfallversicherung die Dynamik entfernen lassen. Dynamik heißt, dass die Versicherungssumme jedes Jahr steigt, zum Beispiel um 5 Prozent. Dadurch erhöht sich auch der Beitragssatz. Überlegen Sie, ob eine solche Erhöhung wirklich nötig ist.

Vielleicht hat sich Ihre finanzielle Situation seit Vertragsabschluss geändert, Sie haben mittlerweile einen Großteil Ihres Immobiliendarlehens abgezahlt oder konnten durch einen besser bezahlten Job ein kleines zusätzliches Finanzpolster ansparen? Eventuell benötigen Sie dann die Dynamik der vereinbarten Versicherungssumme gar nicht mehr.

Sparpotenzial bietet sich ebenfalls, wenn Sie einen Selbstbehalt vereinbaren oder die bereits vereinbarte Summe erhöhen. In einigen Verträgen ist eine Selbstbeteiligung im Schadensfall üblich, beispielsweise in der Kfz-Kaskoversicherung oder auch in der Rechtsschutzversicherung. Erklären Sie sich bereit, im Schadensfall einen höheren Selbstbehalt zu übernehmen, kann das Ihren Beitrag deutlich senken.

Um die hohen Beiträge in einer privaten Krankenversicherung im Alter zu senken, ist es nicht selten, dass Versicherte ihre Selbstbeteiligung erhöhen. Allerdings gehen Sie damit das Risiko ein, dass Sie unterm Strich deutlich mehr zahlen, wenn der Selbstbehalt steigt. Außerdem sollten Sie bedenken, dass es kaum einen Weg zurück gibt. Selbst wenn Sie nach einiger Zeit feststellen, dass Sie finanziell doch wieder einen höheren Beitrag stemmen könnten und lieber wieder einen niedrigeren Selbstbehalt hätten, ist das nicht einfach so möglich. Der Versicherer wird dann eine erneute Gesundheitsprüfung verlangen und danach den fälligen Beitrag ermitteln.

Ähnlich verhält es sich, wenn Sie aus finanziellen Gründen bestimmte Leistungen einschränken, etwa beim Zahnersatz. Dann ist es nicht ohne weiteres möglich, wieder auf das ursprüngliche Leistungsniveau zurückzukehren.

Aber auch das Leistungsspektrum zu erweitern kann auf Schwierigkeiten stoßen – das gilt auch für andere Versicherungen. Wollen Sie zum Beispiel die Rente Ihrer Berufsunfähigkeitsversicherung erhöhen? Dann kommt es darauf an, welche Möglichkeiten Ihr Vertrag hinsichtlich einer Nachversicherung vorsieht. Je nach Tarif ist es möglich, die vereinbarte Rente zu bestimmten Anlässen wie Hochzeit oder Geburt eines Kindes ohne eine erneute Gesundheitsprüfung zu erhöhen. Es gibt jedoch auch Tarife, in denen die Erhöhung ohne Anlass jederzeit möglich ist. Fehlt in Ihrem aktuellen Vertrag aber eine solche Nachversicherungsgarantie oder können Sie die Rente derzeit – ohne konkreten Anlass wie Hochzeit – auf diesem Weg nicht erhöhen, bleibt Ihnen die Möglichkeit, einen weiteren Vertrag beim gleichen oder einem neuen Versicherer abzuschließen. Sie müssen dann aber erneut Gesundheitsfragen beantworten.

Deutlich einfacher ist es bei Sachversicherungen: Wenn Sie feststellen, dass beispielsweise die Versicherungssumme Ihrer Hausratversicherung nicht mehr hoch genug ist, sollten Sie den Versicherer direkt informieren, sodass er eine neue Versicherungssumme in den Vertrag aufnimmt. Sie erhalten dann eine abgeänderte Police – und müssen entsprechend mehr für Ihren Schutz zahlen.

Stellen Sie fest, dass Ihnen in Ihrer Haftpflichtversicherung wichtige Leistungen fehlen, klären Sie direkt mit dem Versicherer oder mit dem Vermittler vor Ort, ob und wie Sie solche Extras – beispielsweise die Übernahme von Schäden durch deliktunfähige Kinder – mit einschließen können. Das gilt auch bei neu hinzugekommenen Risiken beziehungsweise Gefahrenveränderungen, wenn Sie sich beispielsweise einen zweiten Hund anschaffen. Diese Änderungen müssen innerhalb bestimmter Fristen beim Versicherer angezeigt werden, der daraufhin die Beiträge neu kalkuliert.

Vielleicht hat der Versicherer einen alternativen Tarif, der dieses Extra beinhaltet. Oder schauen Sie sich nach anderen Angeboten am Markt um. Finden Sie einen passenden, günstigeren Tarif, können Sie den Vertrag dort abschließen und Ihren laufenden Schutz zum nächstmöglichen Termin kündigen.

Richtig kündigen

Einmal Kunde, immer Kunde? Das muss nicht sein. Sie können auch aus Verträgen mit einer langen Laufzeit vorzeitig aussteigen. Einige Fristen sind dabei aber einzuhalten.

Ihr Versicherungs-Check in den Schritten 1 und 2 hat ergeben, dass Sie einen bestimmten Vertrag gar nicht mehr brauchen oder dass es Angebote mit deutlich besseren Konditionen gibt? Dann können Sie Ihren bisherigen Vertrag kündigen. Das klappt aber nicht immer von heute auf morgen. Und nicht in jedem Fall ist der direkte Ausstieg auch zu empfehlen.

Ordentliche Kündigung

Sie können zahlreiche Verträge spätestens zum Ende der Vertragslaufzeit kündigen, eventuell auch schon früher. Ein Blick in die Vertragsunterlagen zeigt, welche Laufzeiten und Fristen gelten.

Für einige Versicherungen, etwa für die Kfz-Haftpflicht- und Kaskoversicherung sowie die Auslandsreise-Krankenversicherung, gilt eine Vertragslaufzeit von einem Jahr. Zum Ende dieser Zeit können Sie mit einer Frist von einem Monat kündigen. Läuft das Versicherungsjahr für Ihre Auslandsreise-Krankenversicherung beispielsweise am 31. August aus, muss die schriftliche Kündigung bis zum 31. Juli bei der Versicherungsgesellschaft vorliegen. Kündigen Sie nicht, verlängert sich der Vertrag um ein weiteres Jahr und die Versicherung läuft weiter wie bisher.

Je nach Vertrag kann das Versicherungsjahr mit dem Kalenderjahr übereinstimmen. Das ist beispielsweise in der Kfz-Versicherung häufig der Fall. Deshalb ist für den Wechsel der Kfz-Versicherung etwa in der Werbung oft vom „Stichtag 30. November" die Rede.

Wurde eine längere Laufzeit vereinbart, beispielsweise zehn Jahre für eine Wohngebäudeversicherung, haben Sie spätestens nach drei Jahren erstmals ein Kündigungsrecht, danach jährlich zum Ende jedes weiteren Versicherungsjahres.

AUSFÜLLHINWEIS

→ S. 139

Formulare L1, L2 und L3 Musterbriefe Kündigung

Im Formularteil finden Sie drei Musterschreiben für die Kündigung Ihrer Verträge. Die Musterbriefe können Sie je nach Situation nutzen, also beispielsweise, wenn Sie nach einem Schadensfall außerordentlich kündigen wollen oder wenn Sie ordentlich zum Ablauf des Versicherungsjahres aus Ihrem Vertrag ausscheiden möchten.
Wenn Sie pünktlich aus einem Vertrag aussteigen wollen, werfen Sie auch einen Blick auf das Formular A „Versicherungen im Überblick", um sicherzugehen dass Sie den Termin nicht verpassen, zu dem Sie je nach den Vertragsmodalitäten ordentlich kündigen können.

Regeln und Fristen je nach Art des Vertrags

Leider gelten nicht für alle Versicherungsarten dieselben Kündigungsfristen, was es zunächst etwas schwieriger macht, den Überblick zu bekommen, wann welcher Ausstieg möglich ist. So gilt beispielsweise für Hausrat-, Wohngebäude- oder Privat-

haftpflichtversicherung im Normalfall eine Kündigungsfrist von drei Monaten.
Wenn Sie eine private Krankenzusatzversicherung kündigen wollen, gilt im Normalfall ebenfalls eine Kündigungsfrist von drei Monaten zum Ende des Versicherungsjahres, allerdings frühestens zum Ablauf einer vereinbarten Vertragsdauer von maximal zwei Jahren.

Und wieder anders ist es beispielsweise bei Kapitallebensversicherungen. Hier heißt es in den Musterbedingungen des Gesamtverbands der Deutschen Versicherungswirtschaft (GDV), dass der Kunde seinen Vertrag „jederzeit zum Schluss der laufenden Versicherungsperiode" kündigen kann, also jeweils zum Ende eines Beitragszahlabschnitts. Zur Sicherheit sollten Sie aber immer in Ihre Vertragsunterlagen schauen, was in Ihrem Fall gilt.

Keine Alternative zur Kündigung?

Bereiten Sie Ihre Kündigung sorgfältig vor. Dazu gehört im ersten Schritt, dass Sie sich überlegen, ob Sie komplett auf die jeweilige Versicherung verzichten oder ob Sie einen Vertrag bei einem anderen Anbieter abschließen wollen.

➔ Wenn Sie sich von einer Versicherungsart komplett verabschieden und nicht zu einem anderen Anbieter wechseln wollen, kalkulieren Sie die möglichen Nachteile eines solchen Schritts ein. Beispiel Berufsunfähigkeitsversicherung: Ist Ihnen der derzeitige Schutz zu teuer, überlegen Sie, ob Sie wirklich komplett auf eine Absicherung verzichten wollen für den Fall, dass Sie nicht mehr berufstätig sein können. Oder Kapitallebensversicherung: Wollen Sie die Verluste in Kauf nehmen, die mit der Kündigung häufig verbunden sind? Eine Alternative wäre zum Beispiel eine Beitragsfreistellung.

➔ Wenn es Ihnen um einen Wechsel zu einem anderen Anbieter geht, nehmen Sie sich genug Zeit, erst einmal nach einem neuen Angebot zu suchen, und schließen Sie dort zum passenden Zeitpunkt die neue Versicherung ab. Planen Sie aber mögliche Nachteile eines Wechsels mit ein: Wenn Sie etwa eine neue Berufsunfähigkeitsversicherung abschließen wollen, führt das mittlerweile höhere Alter in der Regel zu höheren Beiträgen. Inzwischen aufgetretene Erkrankungen können Risikoaufschläge oder sogar eine Ablehnung des Antrags bringen.

Für einen sauberen Übergang sorgen

Vermeiden Sie möglichst, dass durch eine Kündigung Lücken im Schutz entstehen. Eine solche Lücke könnte beispielsweise in der Wohngebäudeversicherung ein enormes Risiko darstellen. Ist die Immobilie noch nicht abbezahlt, werden die Gläubiger der Kündigung des bestehenden Vertrags nur zustimmen, wenn Sie den neuen Schutz nachweisen.

Kompliziert kann es werden, wenn Sie den Versicherungsschutz von jemand anderem übernehmen – zum Beispiel, wenn Sie sich den Traum vom Eigenheim verwirklichen: Kaufen Sie eine bestehende Immobilie, übernehmen Sie zunächst den Versicherungsschutz , den der Vorbesitzer abgeschlossen hatte. Der neue Vertrag geht aber erst auf Sie über, wenn Sie im Grundbuch als Eigentümer eingetragen sind.

Diese Verzögerung kann ein Problem werden, wenn in dieser Zwischenzeit der nächste Versicherungsbeitrag fällig wird und nicht abschließend geklärt ist, wer diesen zahlt – Verkäufer und Käufer haften als Gesamtschuldner für die Prämie, die auf die Versicherungsperiode entfällt, in der der Käufer in den Vertrag eintritt.

Um nicht zu riskieren, dass der Versicherungsschutz aufgrund fehlender Beiträge verloren geht, vereinbaren Sie zur Sicherheit, dass Sie den Beitrag übernehmen, falls die nächste Zahlung vor der Überschreibung fällig wird. Informieren Sie darüber auch den Versicherer. In den vier Wochen nach dem Grundbucheintrag dürfen Sie den Versicherungsvertrag mit einer Frist von drei Monaten kündigen und den Anbieter wechseln.

Außerordentliche Kündigung

In bestimmten Situationen müssen Sie nicht auf den Termin für eine reguläre Kündigung warten. Erhöht ein Versicherer die Beiträge für den vereinbarten Schutz, ohne dafür mehr Leistungen zu bieten, haben Sie ein außerordentliches Kündigungsrecht. Ihr Kündigungsschreiben muss spätestens einen Monat, nachdem der Versicherer die Beitragserhöhung angekündigt hat, beim Versicherungsunternehmen vorliegen. Die Kündigung wird wirksam zu dem Zeitpunkt, zu dem der höhere Beitrag fällig wäre.

Ein außerordentliches Kündigungsrecht haben Sie auch nach einem Schadensfall – ganz gleich, ob der Versicherer diesen Schaden reguliert oder nicht gezahlt hat. Falls Sie nach einem Schadensfall Ihr außerordentliches Kündigungsrecht nutzen, müssen Sie nicht fürchten, Geld an den Versicherer zurückzahlen zu müssen, das er vorher im Schadensfall gezahlt hatte.

Bei den Kündigungsfristen gilt hier zum Beispiel: Teilt Ihnen der Hausratversicherer mit, dass er einen Schaden nicht komplett übernehmen wird, dürfen Sie den Vertrag innerhalb eines Monats mit sofortiger Wirkung außerordentlich kündigen. Haben Sie zu Beginn des Versicherungsjahres bereits die Beiträge für das gesamte Jahr bezahlt, muss der Versicherer Ihnen das Geld anteilig zurückerstatten.

Wie muss die Kündigung aussehen?

Einen Versicherungsvertrag müssen Sie immer schriftlich kündigen. Sie müssen die Kündigung selbst unterschreiben. Damit der Versicherer weiß, um welchen Vertrag es sich handelt, sollten Sie die Versicherungsscheinnummer mit in die Betreffzeile setzen. Kündigen Sie eine Versicherung ordentlich zum Ende der Vertragslaufzeit oder zum Ende des Versicherungsjahres, müssen Sie keine Begründung für Ihren Schritt nennen. Es reicht, wenn Sie auf die fristgerechte Kündigung zum jeweiligen Datum hinweisen.

Kündigen Sie einen Vertrag jedoch außerordentlich, geben Sie zusätzlich den Hintergrund an, zum Beispiel, dass Sie aufgrund der angekündigten Beitragserhöhung aus Ihrem Vertrag aussteigen wollen. Fordern Sie den Versicherer abschließend auf, Ihnen eine Kündigungsbestätigung zu schicken.

Per Einschreiben kündigen

Sicherheitshalber schicken Sie Ihre Kündigung per Einschreiben mit Rückschein, damit Sie belegen können, dass Sie das Schreiben rechtzeitig auf den Weg gebracht haben. Das gilt auch, wenn Sie den Vertrag online oder über ein Portal abgeschlossen haben. Die Postadresse sollten Sie auf der Internetseite des Versicherers finden. Grundsätzlich können Sie den Vertrag jedoch auch in „Textform" kündigen, also per Mail, ohne Unterschrift. Dann müssen Sie aber belegen können, dass Ihre Kündigung den Versicherer fristgerecht erreicht hat – zum Beispiel, indem Sie sich den Eingang der Kündigung vom Versicherer bestätigen lassen.

Was tun im Schadensfall?

Die Zeit drängt, wenn Sie den Versicherer in Anspruch nehmen wollen. Melden Sie einen Schadensfall schnell und beachten Sie die Anweisungen des Versicherers.

Ob nach einem Beinbruch beim Skifahren, einem Autounfall oder einem Rohrbruch: Wenn die Versicherung für Behandlungskosten oder Schäden zahlen soll, ist es wichtig, dass Sie sich an die Vertragsbedingungen halten. Eine wichtige Regel: Sie müssen den Schaden zeitnah melden. Doch was genau heißt das?

Keine Zeit verlieren

In den Vertragsbedingungen ist geregelt, wann ein Schadensfall zu melden ist. So heißt es etwa in den Vertragsbedingungen für eine Risiko- oder Kapitallebensversicherung häufig, dass der Tod des Versicherten „unverzüglich", ohne schuldhaftes Zögern, zu melden ist. Angehörige, die wissen, dass eine Lebensversicherung existiert, sollten den Versicherer deshalb möglichst innerhalb von zwei Tage nach dem Tod des Versicherten in Kenntnis setzen.

Dazu reicht im ersten Schritt eine E-Mail oder ein Fax. Wichtig ist, dass Sie nachweisen können, dass Sie die Nachricht versendet haben. Im nächsten Schritt wird Ihnen der Versicherer mitteilen, welche Unterlagen er benötigt.

Es können auch andere Fristen in den Vertragsbedingungen genannt sein. So heißt es etwa in der privaten Unfallversicherung häufig , dass der Tod der versicherten Person „innerhalb von 48 Stunden" dem Versicherer zu melden ist. Das setzt Angehörige zeitlich unter Druck, sorgt aber gleichzeitig dafür, dass die üblichen Fragen rund um die Auszahlung der Versicherungssumme zügig geklärt werden. Davon profitieren dann auch die Betroffenen.

Holen Sie sich Hilfe

Nach einem Todesfall oder einem Unfall steht der Gedanke an die Versicherungen gewiss nicht an erster Stelle. Und doch müssen Sie Kontakt zum Versicherer aufnehmen, sonst kann es Probleme mit der Leistung geben. Holen Sie sich Unterstützung: Vielleicht kann ein Freund oder Verwandter helfen. Bewahren Sie Ihre Unterlagen so auf, dass Ihre Angehörigen problemlos darauf zugreifen können und die nötigen Formulare und Kontaktdaten schnell finden. Weitere Hilfestellungen, was im Trauerfall zu tun ist, bietet der Ratgeber „Schnelle Hilfe im Trauerfall", erhältlich unter test.de/shop.

Schäden gering halten

Auch bei Sachschäden, etwa nach einem Sturm, dürfen Sie keine Zeit verlieren. Informieren Sie umgehend Ihren Versicherer, am besten noch am selben Tag. Sie können den Schaden telefonisch melden, oft auch online oder per App. Oder Sie wenden sich an Ihren Versicherungsvertreter vor Ort.

Wenn Sie auf diesem Wege weitere Hinweise erhalten, wie Sie vorgehen sollen, ob Sie zum Beispiel alles unberührt lassen sollen, dann halten Sie sich daran. Sie haben allerdings eine Schadenminderungspflicht und sollten drohende Folgeschäden vermeiden. Das bedeutet, dass Sie zum Beispiel bei einem Wasserrohrbruch das Wasser abstellen müssen. Heben Sie kaputte Gegenstände auf und machen Sie Fotos.

Wollen Sie nach einem Wasserschaden in der Wohnung Ordnung schaffen, sprechen Sie vorher mit dem Versicherer. Er hat das Recht, einen Mitarbeiter oder Sachverständigen zu schicken, der den Schaden besichtigt. Schäden nach Einbruchdiebstahl, Vandalismus oder Raub müssen Sie sofort bei der Polizei anzeigen. Sind Kredit- oder Girokarten, Sparbücher oder andere sperrbare Urkunden abhandengekommen, lassen Sie diese umgehend sperren.

Wenn es zum Streit mit dem Versicherer kommt

Es kann schon mal vorkommen, dass der Versicherer Einwände hat, nicht den gesamten Schaden übernehmen will – oder gar nicht dafür aufkommen möchte. Als Kunde sollten Sie im direkten Gespräch die Gründe dafür klären und Ihre Sicht der Dinge darlegen.

Manchmal kann die eine Seite die andere überzeugen oder Sie einigen sich auf einen Kompromiss. Wenn nicht, können Sie sich Rat bei einem neutralen Experten holen, zum Beispiel bei den Verbraucherzentralen. Oder Sie wenden sich an den zuständigen Ombudsmann (der natürlich auch eine Frau sein kann), um das Problem außergerichtlich zu klären. Für die meisten Fragen, die private Versicherungen und Versicherungsvermittler betreffen, ist der „Versicherungsombudsmann e. V." zuständig. Diese anerkannte Schlichtungsstelle arbeitet für Verbraucher kostenfrei, überprüft neutral, schnell und unbürokratisch die Entscheidungen des Versicherers oder Versicherungsvermittlers. Bei Streitereien im Bereich der privaten Krankenversicherung gibt es einen eigenen Ombudsmann: Prof. Dr. Rainer Schlegel, lange Jahre Präsident des Bundessozialgerichts.

Beim Versicherungsombudsmann können Sie Streitfälle mit einem Wert bis zu 100 000 Euro prüfen lassen. Bis zu einer Höhe von 10 000 Euro ist die Entscheidung der Ombudsstelle verbindlich. Die Schlichtungsstelle für Streitigkeiten rund um die private Krankenversicherung kann dagegen keine verbindlichen Entscheidungen treffen, hier werden nur Schlichtungsvorschläge ausgesprochen.

Ombudsstelle: Wenn es noch kein Gerichtsverfahren gibt

Die Ombudsleute treten nur ein, wenn in einem Streitfall noch kein Gerichtsverfahren anhängig ist. Informationen zum Ablauf des Ombudsverfahrens finden Sie online auf versicherungsombudsmann.de sowie auf pkv-ombudsmann.de. Dort erfahren Sie auch, welche Unterlagen Sie dafür einreichen müssen.
Beschwerden zu Versicherungen können Sie außerdem bei der Bundesanstalt für Finanzdienstleistungsaufsicht (Bafin) kostenlos schriftlich einreichen. Die Bafin holt dann eine Stellungnahme des Versicherers ein, um zu prüfen, ob das Unternehmen gesetzliche Vorgaben und maßgebliche Urteile einhält. Mehr dazu finden Sie unter bafin.de, Rubrik „Verbraucher", Stichwort „Beschwerden und Ansprechpartner".

Klage gegen Versicherer gut überlegen

Im letzten Schritt bleibt Ihnen die Möglichkeit, Ihren Streit mit dem Versicherungsunternehmen vor Gericht auszufechten. Diesen Weg sollten Sie allerdings mithilfe eines Anwalts sehr gut planen. Eine zivilrechtliche Klage gegen einen privaten Versicherer kann sich nicht nur über einen sehr langen Zeitraum hinziehen, sondern auch sehr teuer werden. Loten Sie deshalb unbedingt vorher Ihre Chancen aus: Lohnt es sich tatsächlich, diesen langwierigen Weg einzuschlagen?

Service

Fachbegriffe erklärt

Alterungsrückstellung Für Kunden in der privaten Krankenversicherung bilden die Versicherungsunternehmen Alterungsrückstellungen. Ein Teil der Beiträge von jüngeren Versicherten wird quasi für später angespart, damit ihre Beiträge nicht so stark steigen, wie sie es aufgrund der im Alter zunehmenden Gesundheitskosten eigentlich müssten. Wollen privat Versicherte ihren Versicherungsvertrag bei einem Anbieter kündigen und zu einem anderen Versicherer wechseln, haben sie das Problem, dass sie ihre Alterungsrückstellungen entweder gar nicht oder nur zum Teil mitnehmen können.

Anwartschaftsversicherung Besondere Leistung in der privaten Krankenversicherung. Benötigt ein Versicherter vorübergehend die Leistungen aus dem Vertrag nicht, sichert er sich mit der Anwartschaftsversicherung die Möglichkeit, zu einem späteren Zeitpunkt ohne erneute Gesundheitsprüfung wieder in den Vertrag einsteigen zu können.

Beitragsfreistellung Kann ein Versicherungsnehmer beispielsweise den Beitrag für eine private Rentenversicherung nicht mehr aufbringen, kann er den Vertrag beitragsfrei stellen lassen. In einem solchen Fall wird der Vertrag auf dem aktuellen Stand eingefroren.

Beitragsrückgewähr Vereinbarung zum Beispiel in der privaten Rentenversicherung. Stirbt die versicherte Person, können die Angehörigen zumindest einen Teil der eingezahlten Beiträge zurückbekommen.

Beitragssatz Bestimmter Anteil des Bruttoeinkommens des Versicherten, den er als Beitrag zu den einzelnen Zweigen der Sozialversicherung zahlen muss. Für die gesetzliche Krankenversicherung liegt der allgemeine Beitragssatz bei 14,6 Prozent. Zusätzlich dürfen die Krankenkassen aber von ihren Mitgliedern einkommensabhängige Zusatzbeiträge verlangen.

Bezugsberechtigter Die Person, die beispielsweise bei einer Risikolebensversicherung bestimmt wurde, die Todesfallleistung zu beziehen.

Eintrittsalter Das Alter, das der Versicherungsnehmer zu Beginn des Versicherungsschutzes hat. Je jünger er ist, desto größer ist zum Beispiel bei der privaten Krankenversicherung oder in der Berufsunfähigkeitsversicherung die Chance, für den Schutz niedrigere Beiträge zu zahlen.

Endalter Alter, bis zu dem der Schutz läuft, beispielsweise bei einer Berufsunfähigkeitsversicherung. Ist dieses Alter erreicht, endet der Vertrag automatisch.

Ertragsanteil Viele Renten aus privaten Versicherungen sind mit dem sogenannten Ertragsanteil steuerpflichtig. Die Höhe dieses Anteils richtet sich danach, in welchem Alter die Rente erstmals fließt. Eine lebenslange Rente aus einer privaten Rentenversicherung ist zum Beispiel zu 18 Prozent steuerpflichtig, wenn die Rente erstmals im Alter von 65 Jahren ausgezahlt wird. Für zeitlich befristete Renten wird anders gerechnet: Wenn etwa die private Berufsunfähigkeitsversicherung nur für sechs Jahre eine Rente zahlt, liegt der steuerpflichtige Ertragsanteil bei 7 Prozent.

Erwerbsminderung Bei Erwerbsminderung kann ein Anspruch auf eine gesetzliche Rente bestehen. Diese allein wird allerdings im Regelfall nicht ausreichen, um den bisherigen Lebensstandard zu sichern, sodass eine zusätzliche private Versicherung für den Verlust der Arbeitskraft sehr zu empfehlen ist. Eine gesetzliche Rente wegen voller Erwerbsminderung können Versicherte bekommen, wenn sie weniger als drei Stunden am Tag arbeiten können. Teilweise erwerbsgemindert ist, wer mehr als drei und weniger als sechs Stunden am Tag arbeiten kann.

Gefahrerhöhung Sie liegt aus Sicht der Versicherungsunternehmen vor, wenn sich die Umstände für den Versicherungsschutz so verändern, dass es wahrscheinlicher wird, dass ein Versicherungsfall eintritt oder ein Schaden größer ausfällt. Über eine solche Gefahrerhöhung muss der Versicherungsnehmer den Versicherer informieren, auch wenn er selbst keinen Einfluss darauf hat. Wenn etwa um das Mietshaus, in dem er lebt, ein Baugerüst aufgestellt wird, muss der Hausratversicherer das erfahren, da das Risiko eines Einbruchs steigt.

Gliedertaxe Sie bestimmt, welchen Grad der Invalidität ein privater Unfallversicherer für den Verlust oder die dauerhafte Beeinträchtigung eines Körperteils anerkennt. Davon hängt die Höhe der Leistung ab.

GOÄ Ist jemand privat krankenversichert, rechnen die Ärzte nach der „Gebührenordnung der Ärzte", GOÄ, ab. Diese Gebührenordnung sieht für jede Leistung eine Gebühr vor und erlaubt dem Arzt, sein Honorar je nach Schwierigkeit der Behandlung – ohne besondere Begründung – bis zum 2,3-Fachen des Einfachsatzes zu steigern. In den Vertragsbedingungen für eine private Krankenversicherung ist festgelegt, bis zu welchem

Satz der Versicherer die Honorare erstattet. Wir empfehlen, nur Tarife zu wählen, die Arzthonorare mindestens bis zum GOÄ-Höchstsatz (3,5-fach) erstatten.

GOZ Zahnärzte rechnen Ihre Leistungen nach der GOZ, der Gebührenordnung für Zahnärzte ab. Auch hier empfiehlt es sich, bei Abschluss der privaten Krankenversicherung darauf zu achten, dass die Honorare mindestens bis zum GOZ-Höchstsatz (3,5-fach) erstattet werden.

Nachversicherungsgarantie Der Kunde hat zum Beispiel in der Berufsunfähigkeitsversicherung die Möglichkeit, die vereinbarte Rente zu bestimmten Anlässen wie etwa bei Hochzeit oder bei der Geburt eines Kindes ohne erneute Gesundheitsprüfung aufzustocken. Je nach Tarif kann in den Bedingungen auch geregelt sein, dass eine Erhöhung der Rente ohne konkreten Anlass möglich ist.

Obliegenheiten Ein Versicherungsnehmer muss bestimmte Pflichten, die sich aus dem Versicherungsvertrag ergeben, erfüllen, damit der Versicherer im Schadensfall tatsächlich einspringt. Zu diesen sogenannten Obliegenheiten zählt zum Beispiel, den Schadensfall innerhalb einer bestimmten Frist zu melden oder auch schon bei Vertragsabschluss den Versicherer über bestimmte Risiken wie Vorerkrankungen zu informieren.

Rentenfaktor Faktor, mit dessen Hilfe die Höhe einer Rente aus einem privaten Versicherungsvertrag errechnet wird. Der Faktor, den das Versicherungsunternehmen zu Rentenbeginn ermittelt, gilt für die gesamte Zeit, in der die Rente gezahlt wird.

Rentengarantiezeit Vereinbart ein Versicherungsnehmer in der privaten Rentenversicherung eine Rentengarantiezeit von zum Beispiel 5, 10 oder 15 Jahren, ist gewährleistet, dass die vereinbarte Rente auch tatsächlich so lange fließt, selbst wenn der Versicherungsnehmer vor Ablauf dieser Frist stirbt. In dem Fall fließt die Rente an seine Angehörigen weiter.

Risikoprüfung Das Versicherungsunternehmen will vor Vertragsabschluss wissen, wie hoch das Risiko ist, dass tatsächlich ein Versicherungsfall eintritt. Deshalb fragt es zum Beispiel vor Abschluss einer Risikolebensversicherung, ob der Kunde raucht. Den Antragstellern ist unbedingt zu empfehlen, diese Fragen möglichst genau und richtig zu beantworten. Stellt sich im Schadensfall heraus, dass sie falsche Angaben gemacht haben, zahlt der Versicherer womöglich nicht. Bei absichtlichen Falschangaben kann der Versicherer vom Vertrag zurücktreten, und unter Umständen muss der Kunde die bis dahin erhaltenen Leistungen zurückerstatten.

Rückkaufswert Kündigt ein Versicherungsnehmer zum Beispiel eine private Rentenversicherung oder eine Kapitallebensversicherung, ist der Rückkaufswert der Wert, den der Versicherer ihm dann auszahlt.

Überschussbeteiligung Der Versicherer ist verpflichtet, Kunden, die eine Lebens- oder Rentenversicherung abgeschlossen haben, finanziell an seinen Anlageerfolgen am Kapitalmarkt zu beteiligen. Diese Überschussbeteiligung ist aber nicht garantiert.

Unterversicherung In bestimmten Versicherungspolicen, zum Beispiel in der Hausratversicherung, besteht die Gefahr, dass der Kunde eine zu niedrige Versicherungssumme vereinbart. Das kann zur Folge haben, dass das Versicherungsunternehmen im Schadensfall nicht den kompletten Schaden erstattet.

Versicherungsnehmer Er ist Vertragspartner des Versicherungsunternehmens, der den Schutz einer Versicherung in Anspruch nimmt. Der Versicherungsnehmer ist verpflichtet, die Beiträge für diesen Schutz zu leisten. Es ist aber nicht zwingend so, dass der Versicherungsnehmer auch die zu versichernde Person ist. Etwa in der Kranken- oder Unfallversicherung kann es auch anders sein: Möglich ist zum Beispiel, dass Eltern solche Verträge als Versicherungsnehmer für ihr Kind – die versicherte Person – abschließen.

Verweisung Bei der Berufsunfähigkeitsversicherung kann sich der Versicherer das Recht vorbehalten, den Kunden bei Berufsunfähigkeit auf einen anderen Beruf zu verweisen. Achten Sie darauf, dass der Versicherer in seinen Bedingungen ausdrücklich auf dieses Recht der abstrakten Verweisung verzichtet.

Vorvertragliche Anzeigepflicht Ein Versicherungsnehmer ist verpflichtet, vor Unterschrift eines Vertrags dem Versicherer alle gefahrenerheblichen Umstände, nach denen der Versicherer gefragt hat, wahrheitsgemäß und vollständig mitzuteilen.

Wartezeit Bei bestimmten Versicherungsverträgen kommt der Versicherer nicht vom ersten Tag nach der Unterschrift für Schäden auf, sondern er zahlt erst nach Ablauf einer vertraglich festgelegten Wartezeit.

Widerruf Nachdem der Kunde einen Versicherungsvertrag unterschrieben hat, hat er bei den meisten Versicherungen 14 Tage Zeit, ihn schriftlich zu widerrufen. Für Lebensversicherungen gilt eine Widerrufsfrist von 30 Tagen. Die Frist beginnt, sobald der Kunde sämtliche Vertragsunterlagen sowie eine ausreichende Widerrufsbelehrung erhalten hat.

Register

O

P

R

S

T

U

V

W

Z

Die Stiftung Warentest wurde 1964 auf Beschluss des Deutschen Bundestages gegründet, um Verbraucherinnen und Verbrauchern durch vergleichende Tests von Waren und Dienstleistungen eine unabhängige und objektive Unterstützung zu bieten. Mehr zu unserem Qualitätsanspruch und viele weitere Bücher finden Sie unter www.test.de.

Stiftung Warentest

3. Auflage

Stiftung Warentest
Lützowplatz 11–13
10785 Berlin
www.test.de
email@stiftung-warentest.de

USt-IdNr.: DE136725570

Vorständin: Julia Bönisch

Programmleitung: Niclas Dewitz
Aktualisierung: Dr. Matthias Nöllke
Fachliche Unterstützung:
Sabine Baierl-Johna, Claudia Bassarak, Beate Bextermöller, Birgit Brümmel, Julian Chudoba, Susanne Meunier, Michael Nischalke, Theodor Pischke
Projektleitung: Alexandra Germann
Korrektorat: Christoph Nettersheim
Titelentwurf: Daniela Greven, Christian Königsmann
Layout: Martina Römer, Daniela Greven, Christian Königsmann
Grafik, Satz: Annett Hansen, Berlin
Bildnachweis: Adobe Stock/rupbilder (Titel), René Reichelt/Stiftung Warentest (S. 10/11)
Produktion: Annett Hansen, Berlin
Verlagsherstellung: Rita Brosius (Ltg.), Romy Alig, Susanne Beeh
Litho: tiff.any, Berlin
Druck: Westermann Druck pva, Braunschweig

Bei Fragen zur Sicherheit dieses Produkts wenden Sie sich bitte an: gpsr@stiftung-warentest.de

ISBN: 978-3-7471-0890-1

Formulare
zum Heraustrennen

Service
Alle Formulare können Sie auch kostenlos herunterladen unter
test.de/formulare-versicherungen

Tipps zum Herunterladen der Formulare: Geben Sie den Link direkt in die Adresszeile des Browsers ein. Wer den Link bei Google eingibt, findet die Formulare nicht. Speichern Sie die Datei vor dem Öffnen und nutzen Sie den Adobe Reader, um die Formulare auszufüllen.

Zusätzlich online

Hinweis

Seitenzahlen auf einem Kündigungsschreiben oder einem Widerruf, den Sie an die Versicherungsgesellschaft schicken, sind irritierend. Deshalb haben wir im Formularteil auf Seitenzahlen verzichtet. Damit Sie das gesuchte Formular trotzdem schnell finden können, haben wir die Reihenfolge alphabetisch gekennzeichnet.

Versicherungen im Überblick

Versicherungsnehmer: ....

Art der Versicherung	Gesellschaft	Tarif	Abschluss am	Versicherungsnummer	Beitrag im Jahr (Euro)		Kündigung	
					bei Abschluss	aktuell	möglich zum	schreiben bis
				Gesamt ▸			Euro/Jahr	

(A) VERSICHERUNGEN IM ÜBERBLICK, BLATT 2 VON 2

Art der Versicherung	Gesellschaft	Tarif	Abschluss am	Versicherungsnummer	Beitrag im Jahr (Euro)		Kündigung	
					bei Abschluss	aktuell	möglich zum	schreiben bis

Kind/Kinder: ....

Gesamt ▸			Euro/Jahr
Ausgaben Versicherung insgesamt ▸			Euro/Jahr

Ihr Versicherungs-Check

Welche Versicherungen haben Sie, welche sollten Sie haben? Die folgende Tabelle gibt Ihnen einen Überblick, wer welchen Schutz benötigt: Welche Verträge sind unbedingt notwendig, welche sind sehr zu empfehlen und welche sind zumindest sinnvoll? Prüfen Sie anhand Ihrer eigenen Versicherungsunterlagen, in welchen Lebensbereichen Handlungsbedarf besteht und was Sie als „bereits erledigt" abhaken können.

Versicherungen	Bedeutung	Wer braucht sie?	Habe ich	Prüfe ich
Für Schadenersatzforderungen				
Privathaftpflicht	●●●	Jeder. Unverheiratete Kinder sind in der Regel bis zum Ende ihrer Ausbildung über den Vertrag der Eltern mitversichert.	❑	❑
Kfz-Haftpflicht	●●●	Kraftfahrzeughalter, sie ist Pflicht.	❑	❑
Tierhalterhaftpflicht	●●●	Hunde- und Pferdebesitzer, für Hundehalter in manchen Bundesländern Pflicht.	❑	❑
Gewässerschaden-Haftpflichtversicherung	●●●	Öltankbesitzer.	❑	❑
Bauherren-Haftpflicht	●●	Bauherren.	❑	❑
Haus- und Grundbesitzerhaftpflicht	●●	Eigentümer und Vermieter von Immobilien und von unbebauten Grundstücken.	❑	❑
Für Krankheit und Pflegebedürftigkeit				
Gesetzliche Kranken- und Pflegeversicherung	●●●	Jeder, sie ist Pflicht, sofern sich jemand nicht privat krankenversichern kann oder einen anderen Anspruch auf Absicherung im Krankheitsfall hat (zum Beispiel freie Heilfürsorge).	❑	❑
Private Krankenvollversicherung und Pflegepflichtversicherung	●●●	Beamte, weil für sie die Privatversicherung meist günstiger ist als die gesetzliche. Für alle freiwillig gesetzlich Versicherten überlegenswert, wenn sie bessere Leistungen als die der gesetzlichen Kasse wünschen und bereit sind, dafür langfristig viel zu zahlen.	❑	❑
Krankentagegeldversicherung (Zusatzversicherung)	●	Gesetzlich versicherte Selbstständige und Angestellte mit hohen Einkommen oberhalb der Beitragsbemessungsgrenze. Angestellte sollten die Zahlung von Krankentagegeld erst ab dem Ende der Lohnfortzahlung vereinbaren.	❑	❑
Stationäre Zusatzversicherung	●	Gesetzlich Krankenversicherte, die im Krankenhaus Chefarztbehandlung und ein Ein- oder Zweibettzimmer wünschen.	❑	❑
Pflegezusatzversicherung	●	Jeder, um die Leistungen der Pflegeversicherung aufzustocken.	❑	❑
Zahnzusatzversicherung	●	Gesetzlich Krankenversicherte, die eine höherwertige Zahnversorgung wünschen, als sie die Kassen bieten.	❑	❑
Krankenhaustagegeld-Versicherung	×	Niemand. Der Verdienstausfall bei Krankenhausaufenthalt wird durch das Krankengeld der Kasse, bei Privatversicherten durch eine private Krankentagegeldversicherung (siehe oben) abgedeckt.	❑	❑

●●● = Unbedingt notwendig ●● = Sehr zu empfehlen ● = Sinnvoll ○ = Mit Einschränkung sinnvoll × = Überflüssig

Versicherungen	Bedeutung	Wer braucht sie?	Habe ich	Prüfe ich
Für den Todesfall				
Risikolebensversicherung	●●	Alle, die für andere sorgen.	❑	❑
Sterbegeldversicherung	×	Keiner. Sie ist zu teuer. Besser anders für die Beerdigung sparen.	❑	❑
Für Berufsunfähigkeit und Invalidität				
Berufsunfähigkeitsversicherung	●●	Jeder, der von seinem Arbeitseinkommen lebt.	❑	❑
Erwerbsunfähigkeits-versicherung	●●	Alle, für die eine Berufsunfähigkeitsversicherung zu teuer ist oder die wegen ihres hohen Risikos zu erkranken keine bekommen.	❑	❑
Kinderinvaliditätsversicherung	●●	Kinder und Jugendliche bis zum Ende ihrer Ausbildung. Anschließend Berufsunfähigkeitsschutz sichern.	❑	❑
Unfallversicherung/Senioren-Unfallversicherung	●	Kinder und Jugendliche, die keine Kinderinvaliditätsversicherung haben. Erwachsene, wenn sie keine Berufs- oder Erwerbsunfähigkeitsversicherung erhalten. Eine Senioren-Unfallversicherung mit Hilfeleistungen ist sinnvoll für Ältere, die nach einem Unfall niemanden haben, der sich um sie kümmert.	❑	❑
Zum Wohnen und Leben				
Wohngebäudeversicherung	●●	Jeder Eigentümer eines Wohnhauses.	❑	❑
Hausratversicherung	●	Haushalte, deren Hausrat einen höheren Wert erreicht.	❑	❑
Rechtsschutzversicherung (Verkehrsrechtsschutz siehe unten)	○	Selbstständige, Angestellte, Mieter, Privatleute je nach Rechtsschutzpaket. Preiswerteren Rechtsschutz bieten für spezielle Probleme oft Gewerkschaften (Arbeitsrecht) oder Vereine (Mietrecht).	❑	❑
Für das Auto und Reisen				
Auslandsreise-Kranken-versicherung	●●	Kassenpatienten. Privatversicherte, wenn keine medizinisch notwendigen Rücktransporte aus dem Ausland enthalten sind.	❑	❑
Kfz-Vollkaskoversicherung	●	Besitzer neuer Fahrzeuge.	❑	❑
Kfz-Teilkaskoversicherung	●	Besitzer höherwertiger älterer Autos. Oft werden die Beiträge im Verhältnis zum Restwert des Autos nach einigen Jahren zu teuer.	❑	❑
Verkehrsrechtsschutz-versicherung	●	Jeder Verkehrsteilnehmer.	❑	❑
Reiserücktrittsversicherung	●	Wer teure Pauschalreisen bucht, vor allem mit kleinen Kindern.	❑	❑
Autoschutzbrief	○	Autofahrer. Gibt es preisgünstig beim Kfz-Haftpflichtversicherer.	❑	❑
Insassenunfallversicherung	×	Niemand. Mitfahrende sind über die Kfz-Haftpflicht des Schadenverursachers versichert, Fahrer besser über eine Berufsunfähigkeits- oder Unfallversicherung.	❑	❑

●●● = Unbedingt notwendig ●● = Sehr zu empfehlen ● = Sinnvoll ○ = Mit Einschränkung sinnvoll × = Überflüssig

Checklisten: Der Versicherungsbedarf je nach Lebenssituation

An verschiedenen Stationen im Leben ändert sich der Versicherungsbedarf. Viele Verträge sind zumindest sinnvoll, andere sind unbedingt notwendig oder sehr zu empfehlen …

… für Azubis

- ☐ Privathaftpflichtversicherung
- ☐ Kranken- und Pflegeversicherung
- ☐ Berufsunfähigkeitsversicherung
- ☐ Auslandsreise-Krankenversicherung
- ☐ Kfz-Haftpflichtversicherung für Autofahrer
- ☐ je nach Lebenssituation weitere Verträge, zum Beispiel eine Tierhalterhaftpflichtversicherung für Hundehalter

… für Studenten

- ☐ Privathaftpflichtversicherung
- ☐ Kranken- und Pflegeversicherung
- ☐ Berufsunfähigkeitsversicherung
- ☐ Auslandsreise-Krankenversicherung
- ☐ Kfz-Haftpflichtversicherung für Autofahrer
- ☐ je nach Lebenssituation weitere Verträge, zum Beispiel eine Tierhalterhaftpflichtversicherung für Hundehalter

… für Berufseinsteiger

- ☐ Privathaftpflichtversicherung
- ☐ Kranken- und Pflegeversicherung
- ☐ Berufsunfähigkeitsversicherung
- ☐ Kfz-Haftpflichtversicherung für Fahrzeughalter
- ☐ Auslandsreise-Krankenversicherung
- ☐ je nach Lebenssituation weitere Verträge, zum Beispiel Tierhalterhaftpflichtversicherung für Hundehalter oder eine Risikolebensversicherung, wenn ein Partner oder Kinder zu versorgen sind

… für Selbstständige

- ☐ Privathaftpflichtversicherung
- ☐ Kranken- und Pflegeversicherung
- ☐ Private Krankentagegeldversicherung oder Wahltarif Krankengeld der gesetzlichen Kasse
- ☐ Berufsunfähigkeitsversicherung
- ☐ Kfz-Haftpflichtversicherung für Fahrzeughalter
- ☐ Auslandsreise-Krankenversicherung
- ☐ diverse Verträge zum Schutz des Betriebs und der betrieblichen Tätigkeit je nach Beruf, zum Beispiel Berufs- und Betriebshaftpflichtversicherung
- ☐ je nach Lebenssituation weitere Verträge, zum Beispiel Risikolebensversicherung, wenn ein Partner oder Kinder abzusichern sind, oder eine Wohngebäudeversicherung für die eigene Immobilie

… für Paare mit und ohne Trauschein

- ☐ Privathaftpflichtversicherung
- ☐ Kranken- und Pflegeversicherung
- ☐ Berufsunfähigkeitsversicherung
- ☐ Risikolebensversicherung
- ☐ Kfz-Versicherung für Fahrzeughalter
- ☐ Auslandsreise-Krankenversicherung
- ☐ je nach Lebenssituation weitere Verträge, zum Beispiel Wohngebäudeversicherung für die eigene Immobilie oder eine Tierhalterhaftpflichtversicherung für Hundehalter

… für Familien

- ☐ Privathaftpflichtversicherung
- ☐ Kranken- und Pflegeversicherung
- ☐ Berufsunfähigkeitsversicherung
- ☐ Risikolebensversicherung
- ☐ Kfz-Versicherung für Fahrzeughalter
- ☐ Auslandsreise-Krankenversicherung
- ☐ Kinderinvaliditätsversicherung
- ☐ je nach Lebenssituation weitere Verträge, zum Beispiel Wohngebäudeversicherung für die eigene Immobilie oder eine Tierhalterhaftpflichtversicherung für Hundehalter

… im Ruhestand

- ☐ Privathaftpflichtversicherung
- ☐ Kranken- und Pflegeversicherung
- ☐ Auslandsreise-Krankenversicherung
- ☐ Kfz-Versicherung für Fahrzeughalter
- ☐ je nach Lebenssituation weitere Verträge, zum Beispiel Wohngebäudeversicherung für die eigene Immobilie sowie weitere Haftpflichtverträge, etwa für Hundehalter

Checkliste: Privathaftpflichtversicherung

Die Stiftung Warentest fordert von Haftpflichtversicherungen ein Mindestmaß an Leistungen. Wesentliche Haftungsfälle, die jeden treffen können, sollen gedeckt sein, ohne dass eine Selbstbeteiligung zu zahlen ist. Nur Tarife, die diesen Grundschutz bieten, haben in der jüngsten Untersuchung im Herbst 2023 die Urteile Gut oder Sehr gut erhalten. Nutzen Sie diese Checkliste, um selbst zu überprüfen, ob Ihr laufender Vertrag oder ein neues Angebot den Grundschutz erfüllt.

Versicherer: ______________________________ Tarif: ______________

Versicherungssumme

☐ Ja ☐ Nein

bis ______________ Euro

Die Versicherungssumme sollte mindestens 10 Millionen Euro pauschal für Personen- und Sachschäden betragen.

Allmählichkeitsschäden

☐ Ja ☐ Nein

Sind Schäden versichert, die erst im Laufe der Zeit entstehen? Gedeckt sein müssen Schäden, die etwa durch Feuchtigkeit, Ruß oder Rauch im Laufe der Zeit entstehen. Beispiel: Ein Mieter bohrt eine Wasserleitung minimal an und merkt es nicht. Durch die allmählich austretende Feuchtigkeit entsteht ein kostspieliger Schaden.

Computer

☐ Ja ☐ Nein

bis ______________ Euro

Sind Schäden an fremden Computern mindestens bis 50 000 Euro mitversichert? Schäden, die der Versicherte etwa durch unbeabsichtigt übertragene Computerviren verursacht, sollten zumindest bis zu einer Höhe von 50 000 Euro und weltweit versichert sein.

Ehrenamt

☐ Ja ☐ Nein

bis ______________ Euro

Sich Schäden versichert, die im Zuge ehrenamtlicher Tätigkeit entstehen? Zum Grundschutz gehört auch die Absicherung gegen Haftungsrisiken von mindestens 10 Millionen Euro bei ehrenamtlichem Engagement. Nicht abgedeckt ist die Übernahme besonderer Verantwortung etwa als Vorsitzender oder Kassenbevollmächtigter.

Forderungsausfall

☐ Ja ☐ Nein

bis ______________ Euro

Sind Schäden versichert, für die der Schädiger nicht selbst aufkommen kann? Die Versicherung soll auch Schäden des Versicherten selbst abdecken, die ihm weder der Schädiger noch eine Haftpflichtversicherung ersetzt. Diese sogenannte Forderungsausfalldeckung muss bis zu mindestens 10 Millionen Euro bieten. Die Mindestschadenhöhe darf 2500 Euro nicht überschreiten. Beispiel: Ein Fahrradfahrer fährt den Versicherten an und verletzt ihn schwer. Der Unfallverursacher hat weder Geld noch eine Privathaftpflichtversicherung, sodass der Versicherte keinen Ersatz für seinen Verdienstausfall und kein Schmerzensgeld erhält. Mit Forderungsausfalldeckung springt seine Privathaftpflichtversicherung ein und entschädigt ihn.

Hüten fremder Hunde und Pferde

☐ Ja ☐ Nein

Sind Schäden versichert, die entstehen, während der Versicherte auf einen fremden Hund oder ein fremdes Pferd aufpasst? Der Versicherer soll in der Pflicht sein, wenn der Versicherte auf einen Hund egal welcher Rasse aufpasst.

Gewässergefährdende Substanzen

☐ Ja ☐ Nein

Sind Schäden durch gewässergefährdende Substanzen versichert? Versichert sein sollen stets Schäden durch gewässerschädigende Stoffe in haushaltsüblichen Mengen (mindestens bis zu 50 Liter/Kilogramm je Behälter und bis zu 250 Liter/Kilogramm insgesamt).

Mietsachschäden

☐ Ja ☐ Nein

bis ______________ Euro

Sind Mietsachschäden bis mindestens 500 000 Euro versichert? Der Versicherte muss als Mieter einer Wohnung abgesichert sein.
Der Schutz muss in der eigenen Mietwohnung genauso gelten wie in Schrebergärten, Ferienwohnungen und -häusern sowie anderen Immobilien, die der Versicherte berechtigt nutzt. Sachschäden sollten bis mindestens 500 000 Euro gedeckt sein. Glas- und Heizungsschäden sind ausgeschlossen.

Schutz im Ausland

☐ Ja ☐ Nein

Besteht Schutz während eines vorübergehenden Auslandsaufenthalts? Der gesamte Versicherungsschutz muss stets auch während eines vorübergehenden Auslandsaufenthalts gelten – mindestens drei Jahre innerhalb der Europäischen Union und ein Jahr weltweit. Auch das Mieten einer Ferienwohnung im Ausland gehört zum Grundschutz und sollte unbedingt abgesichert sein.

Regress der Sozialversicherer

☐ Ja ☐ Nein

bis ______________ Euro

Springt die Versicherung für Regress der Sozialversicherungsträger bis zu einer Höhe von 10 Millionen Euro ein? Bei Schäden, die sich Versicherte untereinander zufügen, muss der Regress von Sozialversicherungsträgern abgedeckt sein. Hintergrund: Wenn eine Krankenversicherung für die Behandlung von fremdverschuldeten Verletzungen zahlt, verlangt sie vom Schädiger Ersatz. Ist das ein Mitversicherter, muss der Privathaftpflichtversicherer das meist nicht übernehmen. Tarife mit Schutz vor Haftung untereinander zahlen in solchen Fällen und gewährleisten den Grundschutz auf diese Weise.

Vorsorgeversicherung

☐ Ja ☐ Nein

bis ______________ Euro

Sind Risiken versichert, die erst nach Abschluss des Vertrags entstehen, und zwar mit mindestens 3 Millionen Euro pauschal für Personen- und Sachschäden und 50 000 Euro für Vermögensschäden? Risiken, die nach Abschluss des Vertrags entstehen, sollten im Rahmen der bestehenden Privathaftpflichtversicherung mit mindestens 3 Millionen Euro pauschal für Personen- und Sachschäden und 50 000 Euro für Vermögensschäden vorübergehend mitversichert sein. Ein neues Risiko, für das die Vorsorgeversicherung greifen soll, kann etwa eine neu erworbene Immobilie sein, für die eigentlich eine Haus- und Grundbesitzer-Haftpflichtpolice nötig ist. Entsteht ein Schaden, bevor die Familie eine Eigentümerversicherung hat, springt über die Vorsorgeversicherung die Privathaftpflicht ein.

Checkliste: Was bietet Ihre Krankenkasse?

Diese Extra-Leistungen der gesetzlichen Kassen können je nach Lebenssituation besonders wichtig sein.

Krankenkasse: ______________________________

Familie mit Kindern

- ☐ Medizinische Hotline rund um die Uhr
- ☐ Haushaltshilfe bei schwerer Erkrankung (mit Kind)
- ☐ Verordnete, nicht verschreibungspflichtige alternative Arzneimittel
- ☐ Kindervorsorge U10, U11, Jugendvorsorge J2
- ☐ Geldbonus für gesundheitsbewusstes Verhalten
- ☐ Erinnerungsservice für Kinderfrüherkennungsuntersuchungen
- ☐ Hautkrebsfrüherkennung auch schon für unter 35-Jährige
- ☐ Vorsorge für Erwachsene
- ☐ Kinderwunschbehandlung/künstliche Befruchtung

Senioren oder chronisch Kranke

- ☐ Geschäftsstellen im gewählten Bundesland
- ☐ Beratung zu Hause
- ☐ Medizinische Hotline rund um die Uhr
- ☐ Vermittlung von Facharztterminen
- ☐ Ärztliche Zweitmeinung über die gesetzlich vorgeschriebene Zweitmeinung hinaus
- ☐ Häusliche Krankenpflege
- ☐ Haushaltshilfe bei schwerer Erkrankung auch ohne Kind
- ☐ Unterstützung bei der Wahl eines Krankenhauses

Jung, gesund, wenig Geld, wenig Zeit

- ☐ Niedriger Beitragssatz
- ☐ Reiseimpfungen
- ☐ Hautkrebsfrüherkennung auch schon für unter 35-Jährige
- ☐ Zuschuss zur Zahnreinigung
- ☐ Günstigerer Zahnersatz bei bestimmten Ärzten
- ☐ Geldbonus für gesundheitsbewusstes Verhalten
- ☐ Zuschuss zu Gesundheitskursen
- ☐ Online-Geschäftsstelle
- ☐ Gute telefonische Erreichbarkeit

Gesunder Lebensstil

- ☐ Geldbonus für gesundheitsbewusstes Verhalten
- ☐ Zuschuss zu Gesundheitskursen
- ☐ Reiseimpfungen
- ☐ Hautkrebsfrüherkennung
- ☐ Verordnete, nicht verschreibungspflichtige alternative Arzneimittel

Digitale Angebote

- ☐ Online-Geschäftsstelle und App-Rechnungen online einreichen
- ☐ Anträge online ausfüllen
- ☐ Kinderkrankengeld online beantragen
- ☐ Mitgliedsbescheinigung herunterladen
- ☐ Bonusprogramm digital verwalten

Checkliste: Private Krankenversicherung für Angestellte und Selbstständige

Der Abschluss einer privaten Krankenversicherung ist häufig eine Entscheidung fürs Leben. Später den Versicherer zu wechseln, ist meist keine gute Idee – der Wechsel wäre mit enormen Kosten verbunden. Umso wichtiger ist es, dass Sie sich vor Vertragsabschluss oder vor einem Tarifwechsel bei Ihrem bisherigen Versicherer genau über die Leistungen und Bedingungen des Angebots informieren. Dabei helfen Ihnen die folgenden Fragen. Diese haben wir entweder um unsere Empfehlungen oder um Hinweise zum Markt ergänzt, die Ihnen die Einordnung der Ergebnisse erleichtern sollen. Wichtig: Diese Checkliste kann Ihnen für die Wahl Ihres privaten Krankenversicherungsschutzes nur eine erste Orientierung bieten. Sie ersetzt nicht ein persönliches Beratungsgespräch. (Stand 1. Oktober 2025)

Versicherer: ______________________________ Tarif: ______________

Ausgaben für den Schutz

Monatsbeitrag (Euro) ____________

Maximales Kostenrisiko pro Monat (Euro) ____________

Das maximale Kostenrisiko ist höher als der Monatsbeitrag, denn dabei wird der jährliche Selbstbehalt berücksichtigt, den Sie mit dem Versicherer eventuell vereinbaren. Um das maximale Kostenrisiko zu ermitteln, teilen Sie die Selbstbeteiligung (SB) durch 12 und addieren Sie das Ergebnis zum Monatsbeitrag.

Beispiel: 600 Euro SB / 12 = 50 Euro + 450 Euro Monatsbeitrag = 500 Euro.

Angestellte rechnen mit dem halben Monatsbeitrag, weil ihr Arbeitgeber die andere Hälfte zahlt.

Allgemeine Bedingungen

1. Selbstbeteiligung

a) Wie hoch ist die jährliche Selbstbeteiligung? ________________ Euro

b) Für welche Leistungen gilt sie (zum Beispiel nur für Arzneimittel, für den ambulanten Bereich oder auch für Zahn- und Krankenhausleistungen)?

Selbstbeteiligung für ______________________________

Für Selbstständige ist ein Tarif mit Selbstbeteiligung (SB) immer empfehlenswert, weil die Beiträge dafür in aller Regel günstiger sind als bei Tarifen ohne SB. Angestellte sollten nachrechnen, ob die Beitragsersparnis für sie höher ist als die Selbstbeteiligung. Grund: Der Arbeitgeber beteiligt sich fast nie an der Selbstbeteiligung, aber am Beitrag zur Hälfte.

2. Außereuropäische Reisen

a) Wie lange gilt der Schutz bei einem vorübergehenden Aufenthalt im außereuropäischen Ausland?

☐ ________ Monate ☐ unbegrenzt

b) Verlängert sich der Schutz, wenn der Versicherte im Ausland erkrankt und die Rückreise nicht antreten kann, ohne seine Gesundheit zu gefährden?

☐ Ja ☐ Nein ☐ um ______ Monate ☐ unbegrenzt

☐ Ja ☐ Nein **c)** Ist Auslandsrücktransport mitversichert?

Der Auslandsrücktransport ist sehr wichtig, weil eine Notfallversorgung ins Geld gehen kann. Wir empfehlen deshalb, diese Leistung abzuschließen. Das ist jedoch auch über eine zusätzliche Auslandsreise-Krankenversicherung (Seite 70) möglich. Die kostet wenig und lässt sich unabhängig kündigen.

Ambulanter Schutz

3. Arztrechnungen

☐ Ja ☐ Nein Wird mindestens bis zum Höchstsatz der Gebührenordnung für Ärzte (GOÄ) von 3,5 erstattet?

☐ Ja ☐ Nein Wird auch über den Höchstsatz hinaus erstattet?

Ärzte rechnen im Normalfall bis zum 2,3-fachen GOÄ-Satz (Regelhöchstsatz) ab, bei schwierigen Behandlungen auch bis zum Höchstsatz (3,5-fach). In seltenen Ausnahmefällen kann der Arzt mit dem Patienten ein noch höheres Honorar vereinbaren. Wir empfehlen eine Erstattung mindestens bis zum GOÄ-Höchstsatz (3,5).

4. Freie Arztwahl

☐ Ja ☐ Nein Erstattet der Versicherer das Arzthonorar auch dann vollständig, wenn Sie einen Facharzt direkt ohne Überweisung durch einen Allgemeinmediziner in Anspruch nehmen?

In sogenannten Primärarzttarifen wird das Arzthonorar zum Beispiel nur zu 70 oder 80 Prozent erstattet, wenn ein Facharzt direkt aufgesucht wird. Wir empfehlen Tarife ohne eine solche Einschränkung.

5. Arzneimittel

☐ Ja ☐ Nein Werden die Kosten für alle ärztlich verordneten Arzneimittel vollständig erstattet?

Folgende Einschränkungen: ______________________________

In einigen Tarifen werden zum Beispiel nur 80 Prozent der Kosten erstattet, wenn ein Originalpräparat statt eines günstigeren Nachahmerpräparates (Generikum) in Anspruch genommen wird oder wenn das Arzneimittel nicht über den Versicherer bezogen wird.

6. Ambulante Psychotherapie

a) Wie viele Sitzungen im Jahr werden maximal bezahlt? Wie viele davon auch ohne vorherige Genehmigung?

Maximal im Jahr __________, davon ohne Genehmigung ____________________

b) In welcher Höhe werden die Kosten für ambulante Psychotherapie erstattet?

_______ Prozent

☐ Ja ☐ Nein **c)** Besteht ein Leistungsanspruch für ambulante Psychotherapie durch psychologische Psychotherapeuten sowie Kinder- und Jugendlichenpsychotherapeuten?

Wir empfehlen eine Erstattung von mindestens 50 Sitzungen im Jahr zu 70 Prozent sowohl durch Ärzte als auch durch psychologische Psychotherapeuten. Die Spanne für die maximale Anzahl liegt für aktuelle Tarife zwischen 20 und allen Sitzungen im Jahr und schließt die Behandlung durch psychologische Psychotherapeuten üblicherweise ein. In älteren Tarifen mit geschlechtsabhängigen Beiträgen (Bisex-Tarife) wird ambulante Psychotherapie oft nur dann erstattet, wenn Ärzte sie durchführen. In Ausnahmefällen ist dort gar keine Erstattung für ambulante Psychotherapie vorgesehen.

7. Vorsorgeuntersuchungen

Werden Vorsorgeuntersuchungen nur im Umfang der gesetzlichen Krankenversicherung (GVK) bezahlt oder auch darüber hinaus?

☐ Im Umfang der GKV ☐ Darüber hinaus, und zwar: ____________________

Teilweise verzichten die Versicherer auf die in der GKV vorgesehenen Zeitintervalle oder Altersvorgaben, oder sie erstatten zusätzliche Verfahren bis hin zu allen zur Früherkennung notwendigen Untersuchungen.

8. Heilmittel

Für welche Heilmittel wie Massagen oder Physiotherapie wird geleistet und in welchem Umfang?

____

____

____

Wir empfehlen mindestens eine Erstattung von 75 Prozent für alle Formen der physikalischen Therapie (wie Krankengymnastik, Massagen, Bäder, Inhalationen), Logopädie (Stimm-, Sprech- und Sprachtherapie) und Ergotherapie (wie zum Beispiel Hirnleistungstraining nach einem Unfall oder Schlaganfall).

9. Sehhilfen

In welchem Umfang und in welchem Turnus leistet der Versicherer für Sehhilfen wie Brillen und Kontaktlinsen?

Erstattung ____

Die Erstattung je Sehhilfe liegt zurzeit zwischen 100 und 1 000 Euro, alle zwei bis drei Jahre. In einigen älteren Bisex-Tarifen wird gar kein Geld für Sehhilfen erstattet.

10. Hilfsmittel

Für welche Hilfsmittel, wie Hör- und Sprechgeräte, Rollstühle, Prothesen oder orthopädische Schuhe, wird geleistet und in welchem Umfang?

____

____

____

Die Hilfsmittelaufstellung im Vertrag sollte nicht abschließend sein (offener Hilfsmittelkatalog), da es künftige Hilfsmittel geben kann, die heute noch nicht bekannt sind. Wir empfehlen außerdem mindestens eine Erstattung von 75 Prozent für technische Hilfsmittel (wie Hör- und Sprechgeräte) und Prothesen. Üblich und bei der Tarifauswahl ebenfalls zu beachten sind Erstattungsobergrenzen für bestimmte Hilfsmittel wie Hörgeräte. Besonders teure Hilfsmittel werden in manchen Tarifen nur dann voll erstattet, wenn diese über den Versicherer bezogen werden.

11. Heilpraktiker

☐ Ja ☐ Nein

Werden die Kosten für Behandlungen durch Heilpraktiker erstattet?

Die meisten, aber nicht alle Tarife erstatten die Kosten für Heilpraktikerbehandlungen.

12. Fahrt- oder Transportkosten zur ambulanten Behandlung

In welchen Fällen werden Fahrt- oder Transportkosten zur ambulanten Behandlung erstattet?

Anlass/Grund der Fahrt: ______________________________

____

Es werden zum Beispiel nur Kosten für Transporte und Fahrten zur Erstversorgung bei Unfällen/Notfällen erstattet oder auch bei ärztlich bescheinigter Geh- oder Fahrunfähigkeit oder auch bei Fahrten zur Dialyse, Strahlen- oder Chemotherapie oder zu ambulanten Operationen; in einigen Tarifen gar keine Erstattung.

13. Häusliche Krankenpflege

Welche Kosten für häusliche Krankenpflege werden erstattet und in welchem Umfang?

Kosten für: ______________________________

Der Versicherer erstattet Kosten zum Beispiel nur für Behandlungspflege, oder er erstattet sie auch für Grundpflege und hauswirtschaftliche Versorgung, wenn dadurch ein Krankenhausaufenthalt vermieden oder verkürzt wird; in vielen Tarifen werden die Kosten für häusliche Krankenpflege nicht erstattet. Das gilt insbesondere für die älteren Bisex-Tarife.

14. Schutzimpfungen

In welchem Umfang werden Kosten für Schutzimpfungen erstattet?

Erstattung für: ______________________________

Je nach Tarif werden zum Beispiel die Kosten für die Impfungen erstattet, die von der Ständigen Impfkommission am Robert Koch Institut (STIKO) empfohlen werden. In manchen Tarifen werden die Kosten weiterer ausgewählter Impfungen erstattet, auch die von Reiseimpfungen; in einigen Tarifen gar keine Erstattung von Schutzimpfungen.

15. Spezialisierte ambulante Palliativversorgung

☐ Ja ☐ Nein

Werden die Kosten für eine spezialisierte ambulante Palliativversorgung erstattet, die am Ende des Lebens notwendig werden kann?

In vielen aktuellen Tarifen werden Leistungen analog zu denen der gesetzlichen Krankenversicherung erstattet; in älteren Bisex-Tarifen oft keine Erstattung.

Stationärer Schutz

16. Unterbringung und Chefarztbehandlung

Was ist versichert: Ein- oder Zweibettzimmer je mit Chefarztbehandlung oder nur kassenübliches Mehrbettzimmer mit Behandlung beim Stationsarzt (Allgemeine Krankenhausleistungen)?

☐ Einbettzimmer und Chefarzt ☐ Zweibettzimmer und Chefarzt

☐ Allgemeine Krankenhausleistungen

Wir empfehlen mindestens die Unterbringung im Zweibettzimmer mit Chefarztbehandlung.

17. Chefarztrechnungen im Krankenhaus

☐ Ja ☐ Nein Erstattet der Tarif die Chefarztbehandlung mindestens bis zum Höchstsatz der gültigen Gebührenordnung (GOÄ) von 3,5?

☐ Ja ☐ Nein Erstattet er auch darüber hinaus?

Chefärzte rechnen im Normalfall bis zum 2,3-fachen GOÄ-Satz (Regelhöchstsatz) ab, bei schwierigen Behandlungen bis zum Höchstsatz (3,5-fach). In seltenen Ausnahmefällen kann der Chefarzt mit dem Patienten ein noch höheres Honorar vereinbaren. Wir empfehlen eine Erstattung mindestens bis zum GOÄ-Höchstsatz (3,5). Eine Erstattung über den Höchstsatz hinaus kann dann sinnvoll sein, wenn man sich im Fall einer seltenen oder schweren Erkrankung von einem teuren Spezialisten behandeln lassen möchte.

18. Krankentransporte

☐ Ja ☐ Nein Werden bei stationärer Behandlung medizinisch notwendige Transporte zum Krankenhaus erstattet?

Die Erstattung muss mindestens die Transportkosten zum nächsten für die Behandlung geeigneten Krankenhaus umfassen.

19. Stationäre Psychotherapie

Zahlt der Versicherer für psychotherapeutische Behandlung in einer Klinik ohne Zeitbegrenzung?

☐ Ja ☐ Nein, auf ________ Tage im Jahr begrenzt

Die Anzahl der erstattungsfähigen Behandlungstage sollte mindestens bei 30 Tagen im Jahr liegen, eher höher, da sich psychotherapeutische Behandlungen meist über einen längeren Zeitraum erstrecken.

20. Hospizaufenthalt

☐ Ja ☐ Nein Werden die Kosten für einen stationären Hospizaufenthalt erstattet, der am Ende eines Lebens notwendig werden kann?

In vielen aktuellen Tarifen werden 90 oder 100 Prozent der Kosten erstattet. In älteren Bisex-Tarifen oft keine Erstattung.

Schutz rund um den Zahn

21. Summenbegrenzung

In welchem Umfang begrenzt der Versicherer die Kosten im Zahnbereich in den ersten Vertragsjahren auf Höchstbeträge?

____

Fast alle Tarife begrenzen die Leistungen für Zahnbehandlung, Zahnersatz und Kieferorthopädie in den ersten Vertragsjahren auf Höchstbeträge, manche für alle drei Leistungsbereiche, andere nur für einen Teil. Auch die Dauer der Begrenzung variiert. Sie entfällt in der Regel für zahnärztlichen Behandlungen infolge von Unfällen.

22. Zahnarztrechnungen

☐ Ja ☐ Nein Wird mindestens bis zum Höchstsatz der Gebührenordnung für Zahnärzte (GOZ) von 3,5-fach erstattet?

☐ Ja ☐ Nein Wird auch über den Höchstsatz hinaus erstattet?

Zahnärzte rechnen im Normalfall bis zum 2,3-fachen GOZ-Satz (Regelhöchstsatz) ab, bei schwierigen Behandlungen auch bis zum Höchstsatz (3,5-fach). In seltenen Ausnahmefällen kann der Arzt mit dem Patienten ein noch höheres Honorar vereinbaren. Wir empfehlen eine Erstattung mindestens bis zum GOZ-Höchstsatz (3,5).

23. Zahnbehandlung

☐ Ja ☐ Nein Werden mindestens 90 Prozent der Kosten für Zahnbehandlung erstattet?

______ Prozent

Zur Zahnbehandlung gehören Leistungen wie Füllungen oder Wurzelbehandlungen, aber auch Prophylaxe. Wir empfehlen für Zahnbehandlung einen Erstattungssatz von mindestens 90 Prozent.

24. Zahnersatz

☐ Ja ☐ Nein Werden mindestens 65 Prozent der Kosten (inklusive der Material- und Laborkosten) für Zahnersatz erstattet?

______ Prozent

Zum Zahnersatz zählen zum Beispiel Kronen, Brücken und Prothesen. Wir empfehlen für Zahnersatz einen Erstattungssatz von mindestens 65 Prozent.

25. Inlays

☐ Ja ☐ Nein Werden mindestens 65 Prozent der Kosten (inklusive der Material- und Laborkosten) für Inlays erstattet?

______ Prozent

Wir empfehlen für Inlays einen Erstattungssatz von mindestens 65 Prozent.

26. Implantate

Wie viel Prozent der Kosten (inklusive der Material- und Laborkosten) werden für Implantate erstattet? ________ Prozent

☐ Ja ☐ Nein **a)** Ist ein eventuell notwendiger Knochenaufbau mitversichert?

☐ Ja ☐ Nein **b)** Verzichtet der Versicherer auf eine Erstattungsobergrenze je Implantat oder für alle Implantate eines Jahres?

Erstattungsobergrenze: ____________________________

☐ Ja ☐ Nein **c)** Ist die Anzahl erstattungsfähiger Implantate begrenzt, wenn ja in welcher Weise?

Begrenzung auf: ____________________

Der Erstattungsprozentsatz liegt hier üblicherweise zwischen 50 und 100 Prozent; in einigen Tarifen sind Implantate allerdings gar nicht erstattungsfähig. Das gilt vor allem für ältere Bisex-Tarife. In den aktuellen Tarifen ist der Knochenaufbau meistens mitversichert.

27. Kieferorthopädie

Wie viel Prozent der Kosten (inklusive der Material- und Laborkosten) werden für Kiefer orthopädie erstattet? ____________ Prozent

Kieferorthopädische Maßnahmen für Erwachsene werden von den meisten Tarifen nur in Ausnahmefällen (zum Beispiel nach Unfällen oder bei schweren Erkrankungen) erstattet. Diese Tarifleistung ist vor allem für die Versicherung von Kindern von Bedeutung. Der Erstattungssatz liegt meist bei 80 Prozent.

Krankentagegeld

28. Anpassung

Bietet der Versicherer eine Erhöhung des Tagegeldes ohne Gesundheitsprüfung an?

☐ Als regelmäßiges Angebot des Versicherers

☐ Auf Antrag nach einer Einkommenserhöhung ☐ Nein

In einigen Tarifen bietet der Versicherer alle zwei bis drei Jahre eine Erhöhung des Krankentagegeldes entsprechend der allgemeinen Einkommensentwicklung an. In anderen Tarifen ist auf Antrag eine Anpassung möglich, wenn sich das Einkommen des Versicherten erhöht hat. In manchen Tarifen bestehen beide Regelungen nebeneinander.

29. Rückfallerkrankung bei Selbstständigen

Wie berechnet der Versicherer die Karenzzeit – die Frist bis zum Einsetzen der Zahlung –, wenn ein Selbstständiger in kurzen Abständen wiederholt wegen derselben Erkrankung arbeitsunfähig wird?

Rechnet er dann die jeweiligen Ausfalltage trotz der Unterbrechung zusammen?

☐ Ja, unter folgenden Voraussetzungen ____________________

____

☐ Nein

30. Kündigungsrecht bei Selbstständigen

☐ Ja ☐ Nein Verzichtet der Versicherer bei Selbstständigen auf sein Recht zur ordentlichen Kündigung in den ersten drei Jahren?

Wird nicht nur eine reine Krankentagegeldversicherung, sondern eine Krankentagegeldversicherung zusammen mit einer Vollversicherung abgeschlossen, verzichten die meisten Tarife auf dieses Kündigungsrecht. In einigen Tarifen gilt das jedoch nur dann, wenn der Kunde zuvor gesetzlich krankenversichert war.

Checkliste: Berufsunfähigkeitsversicherung

Die folgende Checkliste hilft Ihnen bei der Suche nach einer geeigneten privaten Berufsunfähigkeitsversicherung oder dabei, Ihren bestehenden Vertrag zu prüfen.

Zur Orientierung haben wir – sofern möglich – die Fundstelle angegeben, unter der Sie die Antworten auf unsere Fragen üblicherweise in den Vertragsbedingungen finden. Kulanz und Flexibilität eines Angebots sind umso besser, je mehr Ja-Kreuzchen es bei den Punkten erreicht, die Ihnen wichtig sind. Unsere Empfehlung: Lassen Sie sich die Angaben in der Checkliste auch von der Gesellschaft schriftlich bestätigen.

Besonderheiten für Schüler, Auszubildende und Studierende haben wir in der Online-Version ergänzt unter test.de/checkliste-berufsunfaehigkeitsversicherung.

Versicherer: ______________________________ Tarif: ____________________

Bedingungen

1. Verweisungsverzicht

☐ Ja ☐ Nein

Gilt der Versicherte laut Bedingungen bereits als berufsunfähig, wenn er infolge Krankheit, Körperverletzung oder mehr als altersentsprechendem Kräfteverfall seinen zuletzt ausgeübten Beruf, so wie er ohne gesundheitliche Beeinträchtigung ausgestaltet war, nicht mehr ausüben kann und verzichtet der Versicherer darauf, ihn auf einen anderen Beruf zu verweisen?

Eine Verweisung wäre dann nur möglich, wenn der Versicherte eine andere Tätigkeit konkret ausübt, die seiner bisherigen Lebensstellung entspricht („konkrete Verweisung"). Ungünstiger ist die Voraussetzung „vollständige BU liegt vor, wenn der Versicherte ... dauernd außerstande ist, seinen Beruf oder eine andere Tätigkeit auszuüben, die aufgrund seiner Ausbildung und Fähigkeiten..." (Fundstelle BU: § 2, Absatz 1, Definition:§ 172 Abs. 2 und 3 VVG)

Achten Sie außerdem darauf, dass nur der zuletzt ausgeübte Beruf mit in die Beurteilung einbezogen wird und nicht auch ein vor einem Berufswechsel ausgeübter Beruf. Auch sollte der Versicherer nicht prüfen, ob eine Umorganisation des Arbeitsplatzes zumutbar ist, wenn Sie abhängig beschäftigt sind. Günstig bei Tarifen ohne Verweisungsverzicht ist es, wenn zumindest ab einem bestimmten Alter (z.B. 50, 53 oder 55 Jahre) auf die Verweisung verzichtet wird. Im Falle einer konkreten Verweisung ist es wichtig, dass in den Bedingungen festgeschrieben steht, dass die Verweisungstätigkeit der bisherigen Lebensstellung und Ausbildung entspricht

☐ Ja ☐ Nein

Wenn die Berufstätigkeit vorübergehend unterbrochen war

Legt der Versicherer den zuletzt ausgeübten Beruf auch dann zugrunde, wenn die Berufstätigkeit beispielsweise wegen Arbeitslosigkeit oder Kindererziehung vor dem Leistungsfall unterbrochen war?

Manche Versicherer führen eine abstrakte Verweisung durch die Hintertür wieder ein, wenn ein Versicherter längere Zeit (meist 3 oder 5 Jahre) nicht in seinem Beruf gearbeitet hatte.

2. Nachprüfungsverfahren

☐ Ja ☐ Nein

Legt der Versicherer bei der Nachprüfung der Berufsunfähigkeit die gleichen Kriterien zugrunde wie bei der Erstprüfung?

Ungünstig wäre es, wenn bei Nachprüfung auf eine andere berufliche Tätigkeit verwiesen werden könnte. (Fundstelle BU: Sehr unterschiedlich, Definition: § 174 VVG)

3. Prognosezeitraum

☐ Ja ☐ Nein

Leistet der Versicherer bereits dann, wenn der Arzt eine Berufsunfähigkeitsdauer von „voraussichtlich sechs Monaten" prognostiziert?

Ungünstig ist die Formulierung „voraussichtlich dauernd", die laut Rechtsprechung einen Zeitraum von drei Jahren meint. (Fundstelle BU: § 2, Absatz 1)

4. Rückwirkende Anerkennung

☐ Ja ☐ Nein

Zahlt der Versicherer die Rente auch dann ab Eintritt der Berufsunfähigkeit, falls der Arzt in den ersten sechs Monaten keine klare Prognose abgeben kann?

Ungünstig ist die Formulierung: „So gilt die Fortdauer dieses Zustands als Berufsunfähigkeit." Sie bedeutet im Regelfall: Der Versicherer zahlt erst ab dem 7. Monat eine Rente. (Fundstelle BU: § 2, Absatz 3)

5. Rückwirkende Zahlung

☐ Ja ☐ Nein

Zahlt der Versicherer die Rente rückwirkend ab Beginn der Berufsunfähigkeit (z. B. mindestens bis zu drei Jahre), wenn Sie versäumt haben, ihm diese frühzeitig (innerhalb von drei Monaten) nach Eintritt zu melden? (Fundstelle BU: § 1, Absatz 3)

Achtung: Falls eine Krankentagegeldversicherung (KT) existiert, besteht die Gefahr

der Doppelzahlung bei „rückwirkender Anerkennung" bzw. „rückwirkender Zahlung" durch den BU-Versicherer. Der KT-Versicherer könnte seine Zahlungen zurückverlangen, da er ab Eintritt der Berufsunfähigkeit max. noch drei Monate lang leisten muss. KT-Versicherte sollten bei längerer Arbeitsunfähigkeit an mögliche Rückforderungen durch den KT-Versicherer denken und entsprechend Geld dafür zurücklegen.

6. Schuldlos unkorrekte Angaben

☐ Ja ☐ Nein

Verzichtet der Versicherer auf eine Kündigung oder Vertragsänderung, falls der Versicherte beim Abschluss des Vertrags schuldlos unkorrekte Angaben gemacht hat? In den Versicherungsbedingungen finden Sie diesen Passus meist als „Verzicht auf § 19 Absätze 3+4".

7. Pflegefall

☐ Ja ☐ Nein

Zahlt der Versicherer bereits eine Rente, wenn Sie sechs Monate ununterbrochen auf Hilfe angewiesen sind, um Ihren Alltag zu bewältigen?

Dabei sollte es genügen, wenn Sie bei einer Alltagstätigkeit wie beispielsweise dem An- und Auskleiden oder dem Einnehmen von Mahlzeiten oder dem Waschen und Kämmen die Hilfe einer anderen Person benötigen.

☐ Ja ☐ Nein

Gibt es Leistungen bei Pflegebedürftigkeit aufgrund bestimmter Erkrankungen (z. B. ab mittelschwerer Demenz)?

8. Beitragsstundung während der Leistungsprüfung

☐ Ja ☐ Nein Stundet der Versicherer die Beiträge, solange noch nicht geklärt ist, ob er das Leiden als Berufsunfähigkeit anerkennt?

☐ Ja ☐ Nein Verzichtet der Versicherer darauf, Stundungszinsen zu berechnen?

☐ Ja ☐ Nein Stundet der Versicherer unabhängig davon, ob alle Unterlagen vorliegen?

Üblich ist, dass Sie beim Versicherer beantragen müssen, dass er die Beiträge stundet, bis über den Fall entschieden ist. Es kann sein, dass der Versicherer Stundungszinsen von Ihnen verlangt und erst die Beiträge stundet, wenn alle Unterlagen vorliegen. (Fundstelle BU: § 1, Absatz 6)

9. Befristete Anerkennung

☐ Ja ☐ Nein Schreibt der Versicherer in seinen Bedingungen nachvollziehbar fest, ob er auf eine befristete Anerkennung des Leistungsfalls verzichtet?

Sofern der Versicherer einmalig befristet anerkennt – für wie lange ist die

Anerkennung der Leistung maximal befristet? ____________________

Rückzahlung von Renten

☐ Ja ☐ Nein Verzichtet der Versicherer auf Rückzahlung der bereits gezahlten Renten, wenn er die Berufsunfähigkeit zunächst nur befristet anerkennt und später einen negativen Bescheid erteilt?

Manche Versicherer formulieren in den Bedingungen klar, dass sie die Rente zurückfordern, wenn sie nachträglich einen negativen Bescheid erteilen. Verzichtet der Versicherer allerdings auf eine konkrete Aussage zur Rückforderung, kann er nichts zurückfordern.

10. Arztanordnungsklausel

☐ Ja ☐ Nein Verzichtet der Versicherer auf die Arztanordnungsklausel?

Andernfalls kann Ihr Rentenanspruch verfallen, wenn Sie sich nicht nach ärztlichen Weisungen richten und zum Beispiel eine Operation verweigern. Einfache und gefahrlose Heilbehandlungen müssen Sie im Regelfall allerdings befolgen.

11. Nachversicherungsgarantie

☐ Ja ☐ Nein Können Sie später unter bestimmten Voraussetzungen die zukünftige Rente ohne erneute Gesundheitsprüfung erhöhen?

☐ Ja ☐ Nein Ist auch eine ereignisunabhängige Erhöhung möglich?

Prüfen Sie, an welche Voraussetzungen (Heirat, Geburt eines Kindes etc.) eine Erhöhung geknüpft ist, bis zu welchem Alter sie erfolgt sein muss, wie häufig sie genutzt werden kann und bis zu welcher maximalen Höhe sie möglich ist. Einige Versicherer lassen insgesamt nur eine Jahresrente von maximal 24 000 Euro zu.

Die Option ist ausübbar bis maximal:

Alter ____________ Jahre
Rente ____________ Euro pro Erhöhung
Rente ____________ Euro gesamt

☐ Ja ☐ Nein Gilt die Nachversicherungsgarantie auch für Verträge, die nur mit einem Risikoausschluss (bestimmte Erkrankungen sind nicht mitversichert) oder einem Risikozuschlag abgeschlossen werden konnten?

Achten Sie darauf, dass die Nachversicherungsgarantie nicht nur für Verträge mit Dynamik gilt.

Bei Berufsunfähigkeitszusatzversicherungen

Beachten Sie, ob die Hauptversicherung (zum Beispiel eine Risikolebensversicherung) bei einer Erhöhung der BU-Rente mit angehoben werden muss.

12. Ausschlüsse

Wann ist der Versicherungsschutz ausgeschlossen?

Der Schutz kann beispielsweise ausgeschlossen sein, wenn die Berufsunfähigkeit auf Krieg, einen bestimmten Alkoholgehalt im Blut, auf ein Autorennen oder auf Gesundheitsstörungen psychischer oder nervöser Art zurückzuführen ist.

---

13. Geltungsbereich

☐ Ja ☐ Nein Gilt der Versicherungsschutz weltweit?

☐ Ja ☐ Nein Ist der Schutz im Ausland zeitlich unbegrenzt?

Wenn nicht, auf welchen Zeitraum begrenzt?

☐ Ja ☐ Nein Gilt der Versicherungsschutz auch, wenn Sie den Wohnsitz für längere Zeit ins außereuropäische Ausland verlegen?

Sofern besondere Bestimmungen gelten, falls Sie im Ausland berufsunfähig werden, welcher Art sind diese?

Der Versicherer kann zum Beispiel vorschreiben, dass Sie sich an einen bestimmten Untersuchungsort begeben, um die Berufsunfähigkeit feststellen zu lassen. Übernimmt er dann die Reise- und Übernachtungskosten?

---

14. Besonderheiten

Welche Sonderleistungen bietet der Versicherer ohne zusätzlichen Beitrag bei Eintritt oder Ende der Berufsunfähigkeit?

☐ Ja ☐ Nein Soforthilfe: __________ Euro

☐ Ja ☐ Nein Übergangsleistung: ____________ Euro

☐ Ja ☐ Nein Wiedereingliederungshilfe: _____________ Euro

☐ Ja ☐ Nein Sonstiges (z. B. zusätzliche Leistungen bei Eintritt ganz bestimmter Erkrankungen, Leistung bei sechsmonatiger Arbeitsunfähigkeit etc.): ___________________ Euro

---

Vertragsgestaltung

15. Pauschalregelung

☐ Ja ☐ Nein Können Sie für Ihren Vertrag die Pauschalregelung wählen?

Wählen Sie möglichst einen Vertrag mit Pauschalregelung (Leistung der vollen Rente ab 50 Prozent BU-Grad). Sogenannte Staffelregelungen (zum Beispiel ab 25 Prozent BU-Grad entsprechende anteilige Leistung, erst ab 75 Prozent volle Rentenzahlung) führen in der Praxis oft zu Streit, da ein geänderter BU-Grad eine veränderte Rentenhöhe bedingt und dies nachgewiesen werden muss.

16. Spezielle Klauseln

Infektionsklausel für medizinische Berufe

☐ Ja ☐ Nein Bietet das Angebot für Ihre Tätigkeit eine Infektionsklausel an?

Die Infektionsklausel greift, wenn der Versicherte an einer Infektion erkrankt, aber nicht im eigentlichen Sinn berufsunfähig ist. Verbietet ihm dann eine Behörde die Ausübung seiner Tätigkeit nach dem Infektionsschutzgesetz, sollte die Versicherung Schutz bieten. Einige Versicherer erkennen über die Infektionsklausel ihre Leistungspflicht an, wenn der Versicherte eine bestimmte Zeit lang wegen berufsbedingter Infektion nicht arbeiten kann.

Dienstunfähigkeitsklausel für Beamte

☐ Ja ☐ Nein Bietet das Angebot für Beamte auf Lebenszeit eine Dienstunfähigkeitsklausel an?

☐ Ja ☐ Nein Gilt die Dienstunfähigkeitsklausel auch für Beamte auf Probe oder Widerruf oder Beamtenanwärter?

Der Versicherer erkennt über diese Klausel die Berufsunfähigkeit an, wenn der Versicherte wegen Dienstunfähigkeit aus medizinischen Gründen von seinem Dienstherrn in den Ruhestand versetzt oder entlassen wird. Weitere ärztliche Untersuchungen entfallen dann in der Regel. Häufig gilt die Klausel nur für bestimmte Berufe oder nur bis zu einem bestimmten Alter.

Erwerbsminderungsklausel

☐ Ja ☐ Nein Bietet das Angebot eine Erwerbsminderungsklausel?

In diesem Fall erkennt der Versicherer die Berufsunfähigkeit an, wenn der Versicherte von der gesetzlichen Rentenversicherung wegen voller Erwerbsminderung allein aus medizinischen Gründen eine unbefristete Rente erhält (teils altersabhängig).

17. Dynamik

☐ Ja ☐ Nein Ist es möglich, den Vertrag mit einer Dynamik auszustatten, um so dem Inflationsrisiko zu begegnen?

Inzwischen gibt es viele Angebote, die neben der Beitragsdynamik (vor dem Leistungsfall) auch eine garantierte Dynamik im Leistungsfall zulassen, was dem schleichenden Kaufkraftverlust begegnet. Dann erhöht sich die Rente im Leistungsfall um einen vereinbarten Prozentsatz. Eine solche Dynamik ist zu empfehlen, sofern Sie sich die Mehrkosten dafür leisten können.

☐ Ja ☐ Nein Bietet der Vertrag eine Beitragsdynamik?

☐ Ja ☐ Nein Bietet der Vertrag eine Dynamik im Leistungsfall?

18. Anzeigepflicht

☐ Ja ☐ Nein Verzichtet der Versicherer darauf, dass Sie ihm nach Vertragsabschluss einen Berufswechsel oder ein erhöhtes Risiko anzeigen müssen, zum Beispiel wenn Sie neuerdings eine gefährliche Sportart ausüben?

☐ Ja ☐ Nein Verzichtet der Versicherer im Leistungsfall darauf, dass Sie ihm unverzüglich eine Änderung Ihres Gesundheitszustands mitteilen müssen?

Die Aufnahme oder Änderung einer beruflichen Tätigkeit im Leistungsfall muss in der Regel mitgeteilt werden.

19. Produktflexibilität

☐ Ja ☐ Nein Bietet Ihnen der Versicherer die Möglichkeit, den Versicherungsschutz an veränderte Lebenssituationen anzupassen, ohne dass sie ihn verlieren (zum Beispiel bei Arbeitslosigkeit, Elternzeit, Zahlungsschwierigkeiten)?

Zahlungsschwierigkeiten

Gibt es die Möglichkeit, bei vorübergehenden finanziellen Engpässen die Beitragszahlung aufzuschieben, auszusetzen oder abzusenken?

Wichtig ist, dass der Versicherungsschutz während dieser Zeit erhalten bleibt und Sie anschließend ohne Nachteile den Vertrag fortsetzen können.

Stundung

☐ Ja ☐ Nein Gibt es die Möglichkeit, den Beitrag zu stunden (der Beitrag muss dann später nachgezahlt werden, der Versicherungsschutz bleibt in voller Höhe erhalten)?

Bis zu welchem Zeitraum wird eine Stundung gestattet? ______________ Monate

Sehr verbraucherfreundlich sind zwölf Monate.

Bis zu welchem Zeitraum wird eine mehrmalige Stundung insgesamt gestattet?

______________ Monate

☐ Ja ☐ Nein Stundet der Versicherer den Beitrag, ohne Zinsen dafür zu berechnen?

Beitragsfreistellung

☐ Ja ☐ Nein Gibt es die Möglichkeit, eine komplette oder teilweise Beitragsfreistellung zu vereinbaren?

Im Regelfall muss der Vertrag bereits eine bestimmte Zeit gelaufen sein, sodass sich eine vom Versicherer vorgegebene Mindestsumme auf dem Kundenkonto befindet. Der Beitrag muss nach Ablauf des Zeitraums nicht nachgezahlt werden. Dadurch verringert sich aber die ursprünglich vereinbarte Rentenhöhe. Um diese wieder auf das Ursprungsniveau zu heben, muss man entweder den Beitrag nachzahlen, oder der zukünftig zu zahlende Beitrag steigt. Der Versicherungsschutz bleibt während der Beitragsfreistellung meist nur in geringem Umfang erhalten.

☐ Ja ☐ Nein Ist eine Rückkehr in den Vertrag ohne erneute Gesundheitsprüfung möglich, sofern die Unterbrechung maximal sechs Monate dauert?

Bis zu welchem Zeitraum wird eine Beitragsfreistellung insgesamt gestattet?

______________ Monate

Häufig sind es sechs Monate.

Darüber hinaus bieten manche Versicherer weitere Möglichkeiten zur Überbrückung von Zahlungsschwierigkeiten an, manchmal auch nur bei Arbeitslosigkeit oder Elternzeit. Wichtig ist, dass der Versicherungsschutz in dieser Zeit möglichst vollständig erhalten bleibt oder zumindest anschließend ohne erneute Gesundheitsprüfung fortgesetzt werden kann.

20. Laufzeit

☐ Ja ☐ Nein Kann die maximale Vertragslaufzeit so gewählt werden, dass die Altersrente nahtlos an die Leistungsdauer der BU-Rentenzahlung anschließen würde?

☐ Bis Alter 67 Jahre ☐ Bis Alter 65 Jahre

Sonstiges ____________________

☐ Ja ☐ Nein Gibt es eine Verlängerungsoption?

Wenn die Bedingungen eine Verlängerungsoption vorsehen, können Sie bei einer möglichen Anhebung des Eintrittsalters für die Regelaltersrente unter bestimmten Voraussetzungen die Laufzeit verlängern.

Checkliste: Unfallversicherung

Unsere Checkliste hilft Ihnen einzuschätzen, was Ihr bisheriger Vertrag oder ein neues Angebot bietet.

Versicherer: ______________________________ Tarif: ______________

Grundsätzlicher Schutz

Der Versicherer zahlt eine größere, vertraglich vereinbarte Summe aus, wenn Sie durch einen Unfall eine dauerhafte körperliche Beeinträchtigung erleiden. Damit die Versicherung im Ernstfall tatsächlich die erhoffte Hilfe ist, sollte der Tarif einige Bedingungen erfüllen:

Rundumschutz

☐ Ja ☐ Nein Bietet die Versicherung weltweit und rund um die Uhr Schutz?

Reine Freizeit-Unfallversicherungen sind keine gute Wahl. Unsinnig sind außerdem Verträge, die nur für bestimmte Unfallarten wie Verkehrsunfälle oder Unfälle auf Reisen gelten.

Leistung ab 1 Prozent Invalidität

☐ Ja ☐ Nein Sieht der Tarif bereits ab 1 Prozent Invalidität Leistungen vor?

Verträge, bei denen Sie erst ab einer Invalidität von 20 oder 50 Prozent Geld bekommen, taugen in der Regel nicht viel.

Optimale Progression und Versicherungssumme

☐ Ja ☐ Nein Bietet der Tarif eine Progression, damit Sie dann bei schwerer Invalidität ein Vielfaches der Grundsumme erhalten?

Fordern Sie beim Anbieter genaue Angaben an, wie hoch die Leistung bei 25, 50, 75, 90 und 100 Prozent Invalidität ist. Empfehlenswert sind Tarife, die bei den genannten Invaliditätsgraden mindestens die folgenden Summen als Auszahlung vorsehen. 25 Prozent: 37 500 Euro, 50 Prozent: 150 000 Euro, 100 Prozent: 750 000 Euro.

Vorschuss

☐ Ja ☐ Nein Zahlt der Versicherer die Todesfallleistung nicht nur nach einem Todesfall, sondern auch als Vorschuss, wenn der Grad der Invalidität noch nicht feststeht?

Es sollten etwa 10 000 Euro sein, die der Versicherer als Vorschuss zahlt.

Weitere Bedingungen

Orientieren Sie sich beim Check der Vertragsbedingungen an den Musterbedingungen des Gesamtverbands der Deutschen Versicherungswirtschaft (GDV) (gdv.de, Suchbegriff „AUB 2020"). Ein guter Vertrag geht aber an einigen Stellen darüber hinaus, zum Beispiel:

Verbesserte Gliedertaxe

☐ Ja ☐ Nein

Gibt es für bestimmte Verletzungen einen höheren Grad der Invalidität als in den GDV-Musterbedingungen?

Gilt etwa beim Verlust eines Zeigefingers ein höherer Grad als 10 Prozent, zum Beispiel 15 oder 20 Prozent?

Umgang mit Vorerkrankungen

☐ Ja ☐ Nein

Werden Vorerkrankungen erst ab einem höheren Invaliditätsgrad angerechnet?

Gerade ältere Versicherte können Probleme bekommen, wenn der Unfall ein Körperteil schädigt, das bereits durch Krankheiten wie Arthrose oder Gicht vorgeschädigt war. In solchen Fällen ziehen die Versicherer einen Teil von der festgestellten Invalidität ab. Das ist üblich, sobald der Anteil der Krankheit 25 Prozent oder mehr beträgt. In guten Tarifen werden Vorerkrankungen erst ab einem höheren Invaliditätsgrad angerechnet.

Verlängerte Fristen

☐ Ja ☐ Nein

Gelten für den Eintritt und die Anerkennung der Invalidität verlängerte Fristen?

Die Versicherer müssen laut den GDV-Musterbedingungen nur zahlen, wenn die Invalidität innerhalb von 15 Monaten nach dem Unfall eingetreten ist und ärztlich festgestellt wurde. Der Versicherte muss seinen Anspruch innerhalb derselben 15 Monaten der Versicherung melden. Bessere Tarife lassen dem Kunden mehr Zeit.

Zusätzliche Leistungseinschlüsse

☐ Ja ☐ Nein

Zahlt der Versicherer auch bei Unfällen durch Bewusstseinsstörungen und bei Krankheiten?

Versicherer, die im letzten Test der Stiftung Warentest mindestens die Note Gut (2,0) erhielten, schließen zum Beispiel Unfälle infolge eines Schlaganfalls oder Herzinfarkts in den Versicherungsschutz ein. Auch Unfälle unter Medikamenten- oder Alkoholeinfluss sind bei unseren Testsiegern fast immer versichert. Gute Tarife versichern außerdem, wenn durch einen Zeckenbiss die Krankheiten Borreliose oder Frühsommer-Meningoenzephalitis (FSME) verursacht werden.

Kosmetische Operationen inklusive

☐ Ja ☐ Nein

Werden Kosten für Schönheitsoperationen nach einem Unfall in Höhe von mindestens 20 000 Euro übernommen?

Bergungskosten inklusive

☐ Ja ☐ Nein

Werden bei Unfällen im Gebirge oder auf See Bergungskosten mindestens in Höhe von 20 000 Euro übernommen?

Checkliste: Hausratversicherung

Wenn Sie eine neue Hausratversicherung abschließen wollen, achten Sie nicht nur darauf, dass Sie ausreichend hoch versichert sind, sondern auch auf die Bedingungen. Prüfen Sie, ob ein neues Angebot oder auch Ihr laufender Vertrag folgende Leistungen beinhaltet:

Versicherer:______________________________ Tarif: ______________

Versicherungssumme insgesamt

__________ Euro

Wie hoch ist die Versicherungssumme für Ihren Hausrat?

Wählen Sie eine passend hohe Versicherungssumme. Wenn Sie schon einen Vertrag haben, prüfen Sie, ob sie noch zum Wert Ihres aktuellen Hausrats passt, und passen Sie sie wenn nötig an. Um der Unterversicherung zu entgehen, können Sie einen pauschalen Unterversicherungsverzicht mit dem Versicherer vereinbaren. In der Regel werden dazu 650 Euro je Quadratmeter berechnet, bei manchen Versicherern mehr.

Besondere Werte

Bis __________ Euro
Bis ______ % der Versicherungssumme

Bis zu welcher Höhe sind Wertsachen versichert?

Meist sind Wertsachen nur bis 20 Prozent der Versicherungssumme geschützt, Bargeld außerhalb von Tresoren oft nur bis 1 000 Euro, Schmuck bis 20 000 Euro, Sparbücher und Wertpapiere bis 2 500 Euro. Das kann zu wenig sein, wenn Sie zum Beispiel geerbt haben. Wählen Sie wenn nötig einen höheren Anteil beziehungsweise eine höhere Summe.

Fahrrad

Bis __________ Euro
Bis ______ % der Versicherungssumme

In welcher Höhe sind Ihre Fahrräder abgesichert?

Prüfen Sie, ob Ihre Räder hoch genug versichert sind. Gerade wenn Sie etwa als Familie mehrere Räder haben oder sich in letzter Zeit ein E-Bike gekauft haben, kann eine ursprünglich vereinbarte Versicherungssumme mittlerweile zu niedrig sein. Heutzutage können Fahrräder oft mit bis zu 10 Prozent der Versicherungssumme versichert werden.

Zeitraum

☐ Ja ☐ Nein

Ist Ihr Fahrrad rund um die Uhr vor Diebstahl geschützt?

Schutz vor Fahrraddiebstahl sollte rund um die Uhr gelten. Aber es gibt auch Tarife, die nachts zwischen 22 und 6 Uhr nicht greifen, wenn das Fahrrad beispielsweise vor einem Kino oder Restaurant angeschlossen ist.

Anhänger

☐ Ja ☐ Nein

Sind auch Fahrradanhänger versichert?

Fahrradanhänger sind nicht immer im Fahrradschutz enthalten. Bei manchen Versicherern sind Fahrradanhänger sogar versichert, wenn sie ohne das zugehörige Fahrrad gestohlen werden.

Überspannung

☐ Ja ☐ Nein

Bis ______ % der Versicherungssumme

Sind Überspannungsschäden versichert?

Trifft ein Blitz eine Überlandleitung, kann es zu Stromspitzen kommen, sodass Elektrogeräte Schaden nehmen. Der Schutz ist mittlerweile ohne Mehrbeitrag in vielen Tarifen eingeschlossen. Wenn nicht, klären Sie, was der Zusatzschutz kosten würde. Wir empfehlen, mindestens 20 Prozent der Versicherungssumme zu versichern.

Grobe Fahrlässigkeit

☐ Ja ☐ Nein

Bis ____________ Euro

Sind Schäden, die aufgrund grober Fahrlässigkeit herbeigeführt werden, unbegrenzt bis zur Versicherungssumme mitversichert?

Einige Hausrattarife werben mit dem Verzicht auf Kürzung der Leistung bei grober Fahrlässigkeit. Das gilt aber oft nur bis zu einer Grenze, zum Beispiel 7 000 Euro. Besser ist, wenn der Versicherer bis zur Versicherungssumme auf Kürzung der Zahlung verzichtet.

Außenversicherung

Bis ____________ Euro

Bis zu ______ Monate

Bis zu welcher Grenze sind Schäden außerhalb des Gebäudes versichert?

Die Außenversicherung schützt den Hausrat außerhalb der eigenen Wohnung, wenn er sich vorübergehend – oft maximal drei Monate – in einem Gebäude befindet, etwa im Hotel. Dabei gelten Höchstbeträge. In vielen Tarifen sind es 10 000 Euro.

Geltungsbereich

☐ Ja ☐ Nein

Gilt die Außenversicherung weltweit?

Lagerkosten

Bis zu ____________ Tage

Für wie lange übernimmt der Versicherer Lagerkosten?

Muss der Hausrat zwischengelagert werden, zahlt die Versicherung für einen bestimmten Zeitraum. Einige Versicherer übernehmen die Kosten für mehr als ein Jahr, andere für maximal 100 Tage.

Einbruch in Kfz weltweit

☐ Ja ☐ Nein

Bis ____________ Euro

Zahlt der Versicherer für Schäden durch Einbruch ins Auto?

Werden Sachen aus dem Auto gestohlen, sind sie in der Regel nicht versichert. Einige Tarife leisten auch bei einem Einbruchdiebstahl ins Auto. Ausgeschlossen bleiben dabei aber meistens elektronische Gegenstände wie Handy und Notebook.

Nicht alle Versicherer zahlen weltweit. Manche beschränken den Schutz auf Europa oder auf Deutschland.

Schiff

☐ Ja ☐ Nein

Zahlt der Hausratversicherer bei Einbruchdiebstahl in Schiffskabinen?

Meist greift die Außenversicherung nur in Gebäuden, nicht auf einem Kreuzfahrtschiff. Diese Klausel erweitert den Schutz.

Gartenmöbel

☐ Ja ☐ Nein

Sind Gartenmöbel auf der Terrasse versichert?

Gartenmöbel sind nur versichert, wenn sie in einem verschlossenen Raum stehen. Es gibt Tarife, die diesen Schutz auch bieten, wenn die Möbel auf der Terrasse oder im Garten stehen.

Bankschließfach

☐ Ja ☐ Nein

Ist auch der Inhalt von Bankschließfächern versichert?

Räumen Diebe die Kundenschließfächer in einer Bank aus, ist der Inhalt nicht automatisch versichert. In leistungsstarken Hausrattarifen sind Wertsachen in Bankschließfächern mitversichert.

Checkliste: Wohngebäudeversicherung

Sie können Ihr Haus vor Feuer, Leitungswasserschäden, Sturm und Hagel schützen. Vereinbaren Sie eine ausreichend hohe Versicherungssumme. Achten Sie nicht nur auf den Preis, sondern auch auf die Bedingungen. Je mehr der aufgeführten Leistungen Ihr laufender Vertrag/ein neues Angebot bietet, desto besser.

Versicherer: ______________________________ Tarif: ____________________

Grobe Fahrlässigkeit

☐ Ja ☐ Nein

bis ____________ Euro

Zahlt der Versicherer bei einem Schaden, der durch grobe Fahrlässigkeit herbeigeführt wurde, bis zur Versicherungssumme oder – bei Wohnflächentarifen – mindestens 500 000 Euro?

Weihnachtskerzen nicht gelöscht oder Brandreste im Kamin? Das kann schnell passieren. Viele Versicherer kürzen dann ihre Zahlung. Hausbesitzer sollten unbedingt grobe Fahrlässigkeit mitversichern. Einige Tarife begrenzen dies auf zum Beispiel 10 000 Euro. Davon raten wir ab. Denn ein Totalschaden kann Hunderttausende Euro kosten. Wichtig ist, dass der Tarif mindestens bis zur Höhe der Versicherungssumme Schutz bietet oder – bei Wohnflächentarifen – mindestens ab 500 000 Euro.

Aufräum- und Abbruchkosten

☐ Ja ☐ Nein

bis ____________ Euro

Übernimmt der Versicherer Aufräum- und Abbruchkosten bis zur Versicherungssumme, mindestens aber bis 500 000 Euro (bei Wohnflächentarifen)?

Nach Brand- oder Sturmschäden kann das Haus unbewohnbar sein. Oft müssen Wände und Decken getrocknet, Restmauern abgebrochen, Bauschutt entsorgt und Dekontaminationsmaßnahmen durchgeführt werden. In einigen Tarifen ist die Entschädigung auf 5 Prozent der Versicherungssumme begrenzt, gute Angebote leisten mindestens bis zur Versicherungssumme. Bei Wohnflächentarifen gibt es oft eine maximale Höhe, am besten mindestens 500 000 Euro. Meist reicht sie, doch für sehr große Häuser kann auch sie zu wenig sein. Im Kleingedruckten sollte ein mindestens sechsstelliger Betrag stehen.

Bewegungs- und Schutzkosten

☐ Ja ☐ Nein

bis ____________ Euro

Übernimmt der Versicherer Transport- und Lagerkosten bis zur Versicherungssumme, mindestens aber 500 000 Euro bei Wohnflächentarifen?

Einige Tarife übernehmen Transport- und Lagerkosten. Nach einem schweren Schaden kann es nötig werden, dass Möbel und andere Gegenstände ausgelagert werden müssen, zum Beispiel weil nach einem Brand eine monatelange Renovierung ansteht. Im Extremfall können hier fünfstellige Beträge auflaufen.

Behördliche Auflagen

☐ Ja ☐ Nein

bis ____________ Euro

Kommt der Versicherer auf, um neue behördliche Auflagen umzusetzen bis zur Versicherungssumme, bei Wohnflächentarif mindestens 500 000 Euro?

Viele Häuser stehen schon seit Jahrzehnten. Seitdem sind viele neue Bauvorschriften herausgekommen, die das Bauen teurer machen. Zum Beispiel, wenn eine viel aufwendigere Dämmung her muss oder eine sicherere Elektroinstallation. Bei neuen Häusern entsteht dieses Problem selten, bei Altbauten können selbst 50 000 Euro versicherte Kosten zu wenig sein.

Dekontamination

☐ Ja ☐ Nein

bis ____________ Euro

Kommt der Versicherer für Ausgaben auf, die entstehen, um verschmutzte Böden abzutragen bis zur Versicherungssumme, bei Wohnflächentarif mindestens 500 000 Euro?

Wenn Heizöl ausläuft oder die Feuerwehr einen Brand mit Schaum löscht, kann das Erdreich solche Mengen an Giftstoffen abbekommen, dass es abgetragen werden muss. Kunststoffe in der Bausubstanz, etwa in Fußböden, geben bei Feuer hochgiftige Substanzen ab wie Biphenyle oder Dioxine. Die Behörden nehmen Schadstoffmessungen vor. Nicht selten muss das Erdreich auf einer Deponie entsorgt werden.

Überspannung

☐ Ja ☐ Nein

bis ____________ Euro

Zahlt der Versicherer für Überspannungsschäden mindestens 30 000 Euro?

Wenn der Blitz nicht direkt ins Haus einschlägt, sondern zum Beispiel in eine Überlandleitung, kann es zu Spannungsspitzen kommen. Dadurch kann die Elektronik der Zentralheizung Schaden nehmen. Teuer kann es auch bei Häusern mit einer aufwendigen Smart-Home-Anlage werden.

Ableitungsrohre

☐ Ja ☐ Nein

bis ____________ Euro

Sind Schäden an Ableitungsrohren mit mindestens 10 000 Euro versichert?

Wenn Schäden an Rohren entstehen, die außerhalb des Hauses unter dem Grundstück verlaufen, ist dies in der Regel nicht mitversichert oder nur mit geringen Summen, etwa 1 500 Euro. Das kann zu wenig sein, wenn es nicht nur um ein kurzes Stück geht, sondern um 30 oder 40 Meter Rohrstrecke oder um Rohre unter der Bodenplatte. Dann sollten eher mindestens 10 000 Euro versichert sein. Einige Gesellschaften bieten diesen Zusatz ungern an: Es gibt zu viele und zu teure Schäden.

Zuleitungsrohre

☐ Ja ☐ Nein

bis ____________ Euro

Sind auch Schäden an Zuleitungsrohren zu Teichanlage, Springbrunnen oder Wasserhahn im Garten versichert?

Auf dem Grundstück liegende Zuleitungsrohre für die Wasserversorgung sowie Rohre für Heizung, Solarheizung, Klima- und Wärmepumpen sind standardmäßig mitversichert, wenn sie der Versorgung versicherter Gebäude dienen. Das gilt aber nicht für Zuleitungsrohre zu einer Teichanlage, einem Springbrunnen, einem Wasserhahn im Garten oder Rohre zu nicht versicherten Nebengebäuden.

Solaranlage/ Wärmepumpe

☐ Ja ☐ Nein

bis ____________ Euro

Ist die Wärmepumpe/ Photovoltaikanlage mitversichert?

Eine fest verbaute Wärmepumpe/ Photovoltaikanlage lässt sich über die Wohngebäudepolice mitversichern. Bei hohen Anschaffungskosten empfiehlt sich das. Achtung: Es kommt vor, dass Anbieter im Versicherungsantrag nach der Solaranlage fragen. Wer „Ja" ankreuzt, beantragt damit nicht automatisch die Mitversicherung. Vielmehr weiß der Anbieter dann lediglich, dass es eine Solaranlage gibt und das Brandrisiko erhöht ist, sodass er mehr Beitrag verlangt. Dass in Klammern daneben „nicht versichert" steht, übersehen Kunden leicht. Achten Sie darauf, dass die Wärmepumpe/ Solaranlage gegen Sturm, Hagel, Überspannung, Feuer, Diebstahl, Schneedruck und Marderbisse versichert ist. Alternativ ist ein separater Vertrag mit erweitertem Schutz bei einem anderen Anbieter möglich.

Aufräumkosten für Bäume

☐ Ja ☐ Nein

bis ____________ Euro

Übernimmt der Versicherer Aufräumkosten für Bäume?

Fällt bei Sturm ein Baum aufs Haus, zahlt die Wohngebäudeversicherung den Schaden. Wenn der Baum aber einfach nur in den Garten stürzt, sind Zerlegen, Abtransport und Entsorgung nicht versichert. Dasselbe gilt, wenn Blitz oder Sturm einen Baum so beschädigen, dass er gefällt werden muss. Nur wenige Tarife decken auch dies ab. Nicht versichert sind Bäume, die ohnehin abgestorben waren. Pro Baum können über 1 000 Euro Kosten entstehen. Wichtig ist dieser Zusatz, wenn mehrere Bäume auf dem Grundstück stehen.

Beseitigen von Restwerten

☐ Ja ☐ Nein

bis ____________ Euro

Erstattet der Versicherer auch Restwerte, die etwa aufgrund neuer Bauvorschriften beim Wiederaufbau nicht mehr genutzt werden dürfen?

Bleiben nach einem Brand Reste des Hauses stehen, die beim Wiederaufbau verwertet werden können, zieht die Versicherung deren Restwert von ihrer Erstattung ab. Das gilt auch, wenn die Baureste in der Praxis gar nicht zu verwerten sind, weil das gegen aktuelle Bauvorschriften verstößt. Beispiel: Das Haus ist bis auf den Keller abgebrannt. Der Keller erfüllt jedoch nicht mehr die aktuellen Sicherheitsnormen, sodass er abgerissen und neu gebaut werden muss. Ihr Tarif sollte auch die Restwerte erstatten.

Fahrzeuganprall

☐ Ja ☐ Nein

bis ____________ Euro

Zahlt der Versicherer für Schäden durch Fahrzeuganprall?

Prallt ein Lastwagen gegen die Fassade, kann das die Statik des Hauses so beeinträchtigen, dass es einsturzgefährdet ist. Die Kfz-Haftpflichtversicherung des Lkw steht zwar dafür ein, aber sie zahlt nur den Zeitwert. Besitzer eines Altbaus würden auf hohen Kosten sitzen bleiben. Deshalb kann es je nach Lage der Immobilie sinnvoll sein, dieses Extra in der Wohngebäudeversicherung mit zu vereinbaren.

Sachverständiger

☐ Ja ☐ Nein

bis ____________ Euro

Zahlt der Versicherer die Kosten für einen Sachverständigen?

Besonders bei hohen Schadenssummen kann es Streit geben. Beispiel: Nach einem Rückstau läuft Abwasser in den Keller. Es verseucht den Estrich mit Fäkalkeimen. Eine Firma lässt den Keller professionell trocknen und neu malern. Tatsächlich jedoch ist der Estrich so verkeimt, dass er raus muss. Dann hat der Kunde Anspruch auf ein förmliches Sachverständigenverfahren: Er benennt einen Gutachter, der Versicherer auch. So entstehen hohe Kosten. Die sollte der Versicherer komplett übernehmen.

Innovationsklausel

☐ Ja ☐ Nein

bis ____________ Euro

Gelten Vertragsverbesserungen auch für Altverträge, ohne dass der Versicherer den Beitrag erhöht?

Wenn der Versicherer Verbesserungen für neu abzuschließende Verträge einführt, sollten diese automatisch auch für Altverträge gelten. Der Beitrag sollte sich nicht erhöhen. Es gibt aber Tarife, die eine Anhebung erlauben.

Anschrift der Versicherung

Name

Straße

PLZ, Ort

Telefon

Mobil

E-Mail

Ort, Datum

Versicherungsnummer: ______________________________

Widerruf des Vertrags

Sehr geehrte Damen und Herren,

mit diesem Schreiben widerrufe ich fristgerecht den oben genannten Versicherungsvertrag.

Bitte bestätigen Sie mir den Widerruf schriftlich.

☐ Ebenso widerrufe ich das bereits erteilte Sepa-Lastschriftmandat.

Ich bitte sehr darum, von der Übersendung weiterer Unterlagen abzusehen.

Mit freundlichen Grüßen

____

Unterschrift

Name

Straße

PLZ, Ort

Telefon

Mobil

E-Mail

Anschrift der Versicherung

Ort, Datum

Versicherungsnummer: ______________________________

Kündigung des Vertrags

Sehr geehrte Damen und Herren,

mit diesem Schreiben kündige ich den oben genannten Vertrag fristgerecht zum ____________________.

Bitte senden Sie mir eine Schlussabrechnung. Mögliche Rückerstattungsansprüche überweisen Sie bitte bis

zum ____________________ auf das Konto mit folgenden Daten: ______________________________

____.

Bitte bestätigen Sie mir die Kündigung schriftlich. Mit Ende des Vertrags widerrufe ich auch das erteilte Sepa-Lastschriftmandat.

Mit freundlichen Grüßen

Unterschrift

Name ____

Straße ____

PLZ, Ort ____

Telefon ____

Mobil ____

E-Mail ____

Anschrift der Versicherung

____

Ort, Datum

Versicherungsnummer: ____

Kündigung des Vertrags nach Schadensfall

Sehr geehrte Damen und Herren,

mit diesem Schreiben kündige ich den obigen Vertrag außerordentlich

☐ mit sofortiger Wirkung

☐ zum Ende des laufenden Versicherungsjahres, also zum ____.

Anlass ist der Schaden vom ____ mit der Schadensnummer ____.

Mögliche Rückerstattungsansprüche überweisen Sie bitte bis zum ____ auf das Konto

mit folgenden Daten: ____ ____.

____.

Bitte bestätigen Sie mir die Kündigung schriftlich. Mit Ende des Vertrags widerrufe ich auch das erteilte Sepa-Lastschriftmandat.

Mit freundlichen Grüßen

____

Unterschrift

Name

Straße

PLZ, Ort

Telefon

Mobil

E-Mail

Anschrift der Versicherung

Ort, Datum

Versicherungsnummer: ______________________________

Kündigung des Vertrags wegen Beitragserhöhung

Sehr geehrte Damen und Herren,

mit diesem Schreiben kündige ich den obigen Vertrag außerordentlich und fristgerecht zum ____________.

Zu diesem Termin wird Ihre mit dem Schreiben vom ______________ angekündigte Beitragserhöhung wirksam.

Mögliche Rückerstattungsansprüche überweisen Sie bitte bis zum ____________________ auf das Konto mit folgenden Daten: ____.

____.

Bitte bestätigen Sie mir die Kündigung schriftlich. Mit Ende des Vertrags widerrufe ich auch das erteilte Sepa-Lastschriftmandat.

Mit freundlichen Grüßen

____

Unterschrift